¿Por qué?

Lecciones Prácticas Para Vivir Una Vida De Impacto

Griselle Paz

LifeLight Press, Inc.

Miami, FL

Publicado por LifeLight Press, Inc. | www.LifeLightPress.com
ISBN (Tapa blanda): 979-8-9912698-2-7
Library of Congress Control Number: 2026941336

Diseño interior: Don Consolver
Diseño de portada: Enrique "Sero" Cruz
Diseño de contraportada: Alexa Paz
Foto del autor: JG Photography

Esperamos que disfrute de este libro de LifeLight Press, Inc. Nuestro objetivo es proporcionar libros de alta calidad, que despierten la imaginación y eleven el espíritu. Fomentando una comunidad de artistas, poetas, bailarines, escritores y líderes de opinión, buscamos amplificar voces que inspiren, empoderen y guíen a las personas en su camino hacia el autodescubrimiento y la realización personal.

LifeLight Press, Inc.

Miami, FL

Impreso en los Estados Unidos de América

Dedicatoria

A Cristian

Quien ama la verdad y se esfuerza por vivir una vida con significado.

A los buscadores

A quienes están en el viaje de la vida en busca de respuestas

Como Leer Este Libro

Piensa en este libro como una caja de herramientas para tu vida. Puedes leerlo de principio a fin o saltar directamente al tema que necesites en este momento—ya sea propósito, hombría, trabajo, dinero, Dios o cualquier otra cosa que tengas en mente. No importa cómo decidas leerlo, aquí te explico cómo está estructurado cada capítulo para que obtengas el mayor provecho.

1. Cada capítulo comienza con una pregunta de la vida real

Empezamos cada tema con una pregunta importante que muchos de nosotros nos hacemos en algún momento u otro. Esto prepara el escenario para lo que vamos a desarrollar y te brinda algo significativo en qué reflexionar.

2. ¿Por qué ha de importarme? ¿Qué gano yo con esto?

Desde el principio verás por qué este capítulo es importante. Esta breve sección te muestra exactamente lo que puedes esperar. La idea es ayudarte a obtener claridad, confianza, dirección o simplemente impulsarte a tomar acción.

3. ¿Por qué te digo esto?

He aprendido lecciones en mi vida y esta pequeña sección te da una idea del por qué comparto esto contigo. Presta atención. Este es el mensaje principal que debes saber.

4. El trasfondo

Cada capítulo incluye una historia personal, honesta y práctica. Esto ayuda a conectar la idea con la vida real, para que las lecciones se sientan cercanas y no teóricas.

5. Optimizadores y Destructores de vida

Cada capítulo ofrece dos secciones simples y fáciles de asimilar:

- **Optimizadores de vida:** Son los hábitos y decisiones que te hacen más fuerte, más sabio y más centrado.
- **Destructores de vida:** Son los patrones que derrumban silenciosamente tu progreso si no prestas atención. Estas secciones son rápidas de leer y fáciles de aplicar.

6. Consejos de Mamá

Al final de cada capítulo encontrarás un poco de "sabiduría de mamá": esos consejos que una madre podría compartir con sus hijos. Consejos que vienen del corazón.

7. Una idea clave

Cada capítulo te deja con una enseñanza clara. Es una idea principal que puedes llevar contigo.

8. Principio orientador

También encontrarás un principio breve tomado de la Biblia que te ayudará a mantenerte enfocado.

9. Recursos útiles

Si deseas profundizar más, cada capítulo concluye con recomendaciones de libros, videos, pódcast o herramientas que pueden apoyar tu crecimiento.

Léelo a tu manera

Empieza desde el principio o salta al tema que más te interese. No hay una forma incorrecta de usar este libro. El objetivo es simple: ayudarte a dar tu próximo paso con confianza.

Agradecimientos

Mi más sincero agradecimiento a Paula Joy Snyder de Snyder Press. Gracias, querida amiga, por tu apoyo, tu guía y tu pasión por dar vida a los libros. Este libro no habría llegado a concretarse sin ti.

Contenido

Apéndices

Contenido

Apéndices

Prólogo

¿Alguna vez te has preguntado por qué estás aquí? ¿Has culpado a tus padres por traerte a este mundo? ¿Alguna vez has deseado no estar aquí? Yo lo he pensado. Es difícil encontrarse en ese estado. A veces tenemos muchas preguntas y parece que hay tan pocas respuestas. Entiendo ese tormento y mi esperanza es que, con este libro, tu viaje por la vida sea un poco más fácil. Y que lo que comparto aquí se convierta en una luz en tu camino.

Comencé a escribir este libro para mi hijo. Para mí fue aún más importante terminarlo después de que un accidente de auto casi me quita la vida. Pensé que, si hubiera muerto, habría algunas cosas que me gustaría que mi hijo supiera. Mientras escribía, me di cuenta de que quizás lo que decía podría beneficiar a otros, especialmente a aquellos que están tratando de encontrar su camino en la vida. ¿Por qué escribo? Porque quiero que las personas experimenten la esperanza y la plenitud de vida.

¿Por qué?

Porque vivir sin esperanza es desgarrador y no se lo deseo a nadie.

Por mi parte, lo que recibirás en este libro es una conversación directa, sin rodeos. Una mezcla de lo práctico y lo espiritual. ¿Sera eso posible? Bueno, al menos hago el intento. Recibirás lo que llamo "Optimizadores de vida" y "Destructores de vida". Y también, algunos consejos y recomendaciones. Lo que he escrito aquí es desde mi punto de vista. Mi visión del mundo. Sé que no es para todos. También sé que no todos estarán listos para algunas de las cosas que comparto. Sin embargo, a pesar de todo, escribo.

Comparto algunas historias sobre mi viaje por el mundo y lo que me ayudó a superar los altibajos de la vida. Aprendí que en la vida no se trata de "ganar o perder", en realidad es "ganar o aprender". Lo que estoy diciendo es que es importante aprender las lecciones de la vida y utilizarlas para encontrar el coraje de vivir.

Como seres humanos, podemos llevar un vacío en el corazón. Cuando no podemos soportarlo, intentamos llenarlo con una variedad de cosas. Algunos de nosotros intentamos llenarlo siendo el centro de atención o el payaso. Otros se encierran con sus trabajos. Algunos se obsesionan por los deportes. No importa lo que sea, eventualmente nada de esas cosas nos llenan. ¿Entonces qué?

En mi caso específico, cuando llegué a ese punto de desesperación en mi vida fue el volverme hacia lo espiritual lo que me ayudó a superar. Entiendo muy bien que, en el mundo de hoy, creer en Dios no es fácil. En realidad, confiar en algo, en general, se ha vuelto cada vez más difícil.

Este libro es mi intento de ofrecer algunas respuestas a las preguntas más importantes de la vida. No es que yo sea una experta. Soy sencillamente un ser humano que ha aprendido algo en mi vida. Permíteme contarte una breve historia.

Cuando vivía en Nueva York, viví en un apartamento en Astoria, Queens. No había ascensor y tenía que subir hasta el quinto piso a pie. Era un apartamento de dos cuartos, y con tres pequeños roperos. Era extremadamente estrecho. Había que organizar al máximo y mi mamá mantenía todo en su lugar. Ella convirtió ese pequeño lugar en un verdadero hogar.

Desde la ventana de la cocina se podía ver el campanario de la iglesia Most Precious Blood. Y se podía escuchar la campana de la iglesia que sonaba a la hora en punto.

¿Por qué?

Mi madre mantenía una Biblia abierta en su tocador. Era más bien una decoración ya que nunca vi a nadie leerla ni tampoco me animé a leerla.

A menudo escuchaba historias de Dios cuando mis tías y tíos nos visitaban, pero sus relatos me parecían vacíos. Tenían historias tristes que contar y parecía que siempre estaban rogándole a Dios por sus peticiones.

En la iglesia católica donde asistíamos, la misa de domingo era ritualista, el ambiente siempre era sombrío y las estatuas siempre mostraban a Jesús, sangrando y sufriendo. Honestamente, era bastante deprimente. No había poder en nada de eso.

Un día, mientras estaba en la iglesia, le pregunté a Dios: "¿En serio, esto es todo? ¿Han habido batallas en tu nombre, los pintores te han pintado a lo largo de los siglos, y todo se reduce a sentarse, arrodillarse, pararse? Debe haber más de ti que un rito vacío. *Dios, muéstrame la luz.*

Poco sabía que Dios realmente me estaba escuchando. Este fue un punto de partida para mí. Cuando dije esas palabras, sin saberlo activé una promesa de Dios:

"Si a alguno de ustedes le falta sabiduría, pídasela a Dios

y él se la dará, pues Dios da a todos generosamente sin menospreciar a nadie." (Santiago 1:5 NVI)

¿Por qué habría Dios de escucharme? ¿Quién era yo para pedirle algo a Dios? Pero lo que luego llegué a saber es que Dios siempre está ahí para cualquiera que realmente esté tratando de encontrarlo.

Estaba trabajando en Nueva York y me mudé a varias ciudades persiguiendo mi carrera como escritora. Llegué a Atlanta y estaba trabajando en CNN. En ese momento de mi vida, estaba tratando de encontrar a Dios. Fui a unas 13 iglesias, pero ninguna me cuadraba. Estaba a punto de rendirme porque estaba agotada de buscar. Muchas de esas iglesias parecían tan muertas. Compartí mi frustración con un muchacho que conocía y él me dijo: "¿Por qué no pruebas mi iglesia?" Le dije: "No me gustaría ir a una de esas mega iglesias". Él simplemente respondió: "Has probado muchas, podrías probar una más". Me convenció. Con una más no se pierde nada. Cuando entré, fue diferente. La iglesia estaba llena.

Había un enorme coro y cuando comenzaron a cantar fue impactante. Nunca había experimentado una iglesia como esa. En esa iglesia realmente había vida. Era una iglesia cristiana sin denominación, basada en la Biblia. Todo lo que predicaba el pastor provenía directamente de ese libro. Por primera vez en mi vida, escuché hablar de Dios, como un Dios vivo que ama a las personas y tiene cosas buenas para todos. Me dejó asombrada. La última iglesia a la que fui fue a donde encontré a Dios.

Lo que descubrí de esa experiencia es que cuando tienes el corazón roto, cuando estás solo, cuando nadie puede ayudarte y buscas a Dios, Él siempre aparece. Esto es absolutamente extraordinario.

Es difícil ser creyente hoy en día. La gente inmediatamente piensa que eres un criticón, homofóbico o hipócrita. Lo entiendo. ¿Por qué no habrían de llegar a esa conclusión, especialmente cuando eso es todo lo que han experimentado de los llamados "cristianos"? La palabra de Dios dice: "Así que somos embajadores de Cristo; Dios hace su llamado por medio de nosotros. Hablamos en nombre de Cristo cuando les rogamos: ¡Vuelvan a Dios!" (2 Cor. 5:20 NTV) ¡Vaya! Honestamente puedo decir que no estamos haciendo un buen trabajo con eso.

Lo que más me molesta es que, mientras tanto, hay personas sufriendo. Me di cuenta a través de mi experiencia que, al igual que yo, hay muchas otras personas buscando respuestas. Pero porque han sido tratadas tan mal en las iglesias, no quieren tener nada que ver con Dios.

Bien, ¿qué tiene que ver todo esto con este libro? Resulta que hay mucha buena información en lo que se llama "La Palabra". El sistema de entrega ha sido pésimo, salvo algunas excepciones. El punto es que estoy cansada de ver a la gente sufriendo. Aliviamos el dolor de tantas maneras, con drogas, alcohol, autolesiones, lujuria, lo que sea. Incluso intentamos con Dios y luego nos retiramos. No quiero sonar como un comercial para el Todopoderoso. Sé que no todos estarán interesados en Dios. Solo estoy diciendo que esta es mi historia, esto es lo que aprendí y tal vez pueda ayudarte.

No soy una experta, ni un gurú, ni nada por el estilo, soy solo otro ser humano como tú tratando de entender las cosas. Incluso si no estamos de acuerdo, espero que, de todas maneras, lo que comparta sea útil.

Si encuentras tan solo una pequeña semilla de sabiduría que alivie tu dolor, entonces mi viaje terrenal habrá valido la pena. Mucho más allá de lo esperado y mi vida habrá marcado una diferencia.

Disfruta el viaje, porque vale la pena…

Capítulo 1

Propósito

Pregunta: ¿Por qué estoy aquí?

¿Por qué ha de importarme? ¿Qué gano con esto?

Ganas una vida en la que te sientes lleno de energía y satisfacción. Es revolucionario saber que lo que aportas a este mundo es único, memorable e impactante.

¿Por qué te digo esto?

Puro amor. Me apasiona verte vivir la vida más feliz y plena que puedas vivir. Conocer tu propósito es poderoso. El propósito es tu combustible para la vida. Es lo que te hace levantar por la mañana con energía. El propósito le da sentido a tu vida. Te hace sentir que tu vida vale la pena. El propósito te devuelve multiplicado por cien cuando ves cómo se manifiesta en tu vida. Aún mejor es cuando ves que tu propósito mejora la vida de todos los que te rodean. Cuando tu luz enciende una chispa en otra persona, no hay nada igual. Es un poderoso regalo que sobrealimentará tu vida.

El Trasfondo

¿Alguna vez has tenido la sensación de que no encajas del todo en este mundo? Yo siempre sentí que era un poco diferente. Realmente no he sido de las que se une a grupos o sigue a los demás. No quería hacer cosas solo porque era "lo que debía hacer". Si algo estaba "de moda", yo generalmente iba en otra dirección. No quería ser como todos los demás. Quería ser diferente. Quería ser única. La mayoría de las cosas me parecían aburridas, y quería vivir una vida emocionante. Quería hacer las cosas de manera diferente a como lo hicieron mis padres. Quería una vida diferente para mí.

Recuerdo que en un momento estuve muy enojada con mis padres porque sentía que nunca pedí venir a este mundo. ¿Cuál era el sentido de esta vida? En la escuela, los niños se burlaban de mí. Incluso hasta los maestros me atacaban. Recuerdo a una maestra que me dijo que era estúpida y que nunca haría nada con mi vida. Ya sabes, porque las muchachas puertorriqueñas del Bronx solo sirven para quedarse embarazadas y vivir de la asistencia social. Me cansé de que me dijeran que no valía nada o que era invisible. Me cansé de que me trataran como un estereotipo.

Recuerdo estar tan furiosa que decidí demostrarle a todos lo equivocados que estaban de mí; no era ni una mujer cualquiera, ni una estúpida. Y ciertamente no iba a ser una estadística.

Por supuesto, ahora tenía que lidiar con otra serie de problemas. Aguanté mucho acoso escolar por parte de otros niños porque decían que era la "preferida de los maestros" y "la niña buena". Pasé de ser invisible a ser predecible y aburrida. A veces no hay forma de satisfacer a la gente. No importaba lo que hiciera, siempre había alguien con una opinión o una crítica. ¿Sabes qué? Ya no me importaba lo que dijeran, porque decidí que iba a ser alguien importante.

Estudié mucho. Me tocaba hacerlo. No era de esas personas que veía la información una vez y la recordaba. Tenía que repetir la información una y otra vez, pero me mantuve firme. Saqué buenas calificaciones en la escuela y logré entrar a la universidad. Muchas personas me dijeron que la educación era el camino a seguir, que cambiaría mi vida, y en cierto modo lo hizo.

Me gradué de la universidad y conseguí un trabajo en un hotel de convenciones en Nueva York. Pensé que eventualmente trabajaría administrando hoteles en lugares exóticos. Después de todo, ahora que era una mujer educada, todas las puertas se abrirían para mí, ¿verdad? Al menos eso es lo que me habían dicho. Trabajaba en una parte exclusiva del hotel, atendiendo a los huéspedes VIP. Un día, el gerente general se acerca y me dice que tengo que ponerme un uniforme de béisbol porque la Serie Mundial de beisbol se estaba jugando en Nueva York. Si hubiera estado en el vestíbulo, no me habría importado; porque todos los demás agentes estarían vistiéndose igual y habría un tema en común. Pero, ¿qué tan ridículo era recibir a los huéspedes internacionales, que no tenían ni idea sobre la Serie Mundial, con un uniforme de béisbol en una parte del hotel que se suponía era para la élite? Como siempre yo decía lo que pensaba, y le dije: "Supongo que cuando llegue la convención de zapatos, querrás que me vista como un zapato." (Por cierto, esa convención existe). Al gerente general no le gustó mi comentario. Dijo que tenía que hacerlo o perdería mi trabajo. Nadie me había dicho que una mujer con educación universitaria tendría que disfrazarse o ser despedida. Me habían dicho que mi mundo sería mejor. Me habían dicho que con mi educación todo iba a cambiar en cuanto obtuviera mi título. Por supuesto que ahora suena ridículo, pero en ese momento me pintaron un cuadro en el que mi educación iba ser mi boleto al éxito y a la libertad. Decidí en ese momento, volver a la universidad y obtener una maestría en periodismo. Estudiar era algo que sí sabía hacer. Regresé a lo que se sentía cómodo y familiar. El trabajo del hotel me parecía una locura y no fue nada de lo que me imaginé. Así que decidí que más educación sería la respuesta.

Hice mi maestría y, aunque fue difícil, me encantó. Estaba emocionada con mi título de periodismo. Tuve un profesor maravilloso que creyó en mí y me ayudó. Conocía a algunas personas en la radio emisora nacional de ABC en Nueva York, me conecto con un productor y conseguí mi primer trabajo profesional en periodismo como asistente de estudio. La mayoría de las personas en el noticiero eran amables. Había un locutor que era verdaderamente pesado. Siempre tenía una actitud despectiva hacia mí. Yo simplemente lo ignoraba y le repetía continuamente lo convencida que estaba de que bajo toda esa arrogancia y soberbia yo realmente le caía bien. Eventualmente, creo que él mismo se convenció de eso. Nunca le permití que me menospreciara. Como no me pudo quebrantar al fin admiró mi determinación.

Así comenzó mi carrera en periodismo y mi propósito se me hizo claro. Yo existía para revelar la "verdad" al público para que pudieran tomar buenas decisiones para sus vidas. ¿No suena eso maravillosamente noble? De hecho, era noble, pero no es así como funciona el mundo.

Después de ABC Radio, trabajé para ABC News One. Este es el departamento que envía noticias a todas las estaciones afiliadas en el país. Disfruté mucho de mi trabajo. De veras que me gustaba bastante. Imagínate, yo, en mis veintitrés años, trabajando como escritora en Nueva York. Tenía el trabajo de mis sueños. Siempre era un éxito en las fiestas. Todos querían conocer a la escritora de ABC. No tardé mucho en darme cuenta de que la razón por la que querían conocerme tenía más que ver con lo que pensaban que podía hacer por ellos que con realmente conocerme como persona. Pero eso no importaba, finalmente me sentía importante. Lo hice. Finalmente me sentía como alguien. Demostré que no era ni estúpida, ni una estadística.

Me sentía bien conmigo misma gracias a mi trabajo. Continué trabajando con otras compañías importantes como Univisión y CNN. A medida que avanzaba en mi carrera, comencé a hacer preguntas. Déjame ver si entiendo esto claramente: tengo una maestría; he sido nominada a un Emmy; hablo 5 idiomas; he estado en este negocio durante casi una década y sin embargo trabajo como contratista, en el turno de noche, ganando 40 mil dólares al año con los miércoles y jueves libres y sin posibilidad de ascenso. Podría tener mi propio programa de televisión, pero solo si tengo relaciones sexuales con el vicepresidente de noticias como lo hizo mi colega. ¡Ah! ¿Entonces quiere decir que a pesar de haberme educado y luchado por mis logros a fin de cuenta tendría que entregarme a alguien para poder avanzar en mi carrera? ¿Lo entendí bien?

Recibí otras ofertas similares a esa. Sé mi amante, me dijo el dueño de una prestigiosa revista de moda y te daré un puesto editorial. Pues aparentemente era la oferta que hacía frecuentemente. La chica con la que estaba teniendo relaciones sexuales en ese momento me dijo que yo sería una tonta si no aprovechaba la oportunidad. Después de todo, ella lo hizo y ahora era la editora de una gran revista en París. Podría haber tenido los vestidos de Valentino y un apartamento en Milán. El problema era que no estaba en venta.

Tenía posición, acceso a celebridades, asistía a grandes fiestas y eventos en Nueva York, pero a fin de cuentas tenía que comprometer mis valores para llegar a un puesto de influencia mayor. Fue una bofetada en la cara. ¿Estaba dispuesta a decirme a mí misma que los seis años que pasé en la universidad fueron una broma? Que todo por lo que había trabajado no significaba nada. No estaba siendo altanera, ni moralista. Solo quería saber que mi mérito era mayor de lo que los demás me proponían.

Empecé a dudar de mis habilidades y talentos. Mi autoestima quedo afectada. Busque maneras de convencerme de que era importante. Quería refutar las palabras que escuche de niña. Empecé a enumerar las razones por las cuales me sentía importante. Pensé que era importante porque era una persona instruida con títulos universitarios. Luego pensé que era importante porque era escritora. Luego pensé que era importante porque me convertí en esposa y madre. Nunca se me ocurrió que era importante simplemente porque existo.

El hecho de que esté viva es más que suficiente para saber que tengo gran valor. Tengo talentos que el mundo necesita. Si no fuera así no existiría. Tomé varios caminos, creyendo que eran los correctos. Creí que distintas experiencias me llevarían a una vida plena, pero nada logró brindarme esa paz interior. Ninguna acción me acercó realmente a mi propósito.

¿Por qué estoy aquí? ¿Cuál es mi propósito? ¿Será acaso la búsqueda de la verdad? Pues la verdad conduce a la libertad. Tal vez por eso elegí el periodismo. Creía que, si las personas conocieran la verdad, se sentirían empoderadas para enfrentar cualquier desafío. Para mí, la verdad y el propósito llegaron cuando desarrollé una relación profunda e íntima con mi Creador. Cuando era joven, mis padres y yo solíamos asistir a una iglesia católica. Para mí, esa experiencia era algo rígida y ritualista, carente de poder. Pensé, *¿Ha sido Dios reducido a la simple superficialidad de ritos?* Necesitaba entender quién era Dios y quién era yo en relación con Él. Necesitaba entender por qué estaba aquí. A medida que comencé a entender cómo me ve Dios, comencé a ver que yo era importante y valiosa. Mi valor no estaba determinado por los demás ni por lo que hacía. Mi valor estaba determinado por el hecho de que Dios me ama. No pude conectar con mi propósito más profundo hasta que me conecté con la fuente suprema de la verdad y la libertad. Ese descubrimiento cambió mi vida por completo.

¿Cómo empiezo a encontrar mi propósito?

Comienza haciéndote buenas preguntas. ¿Buenas preguntas, quedó claro? Preguntas a las cuales tu cerebro pueda responder.

¿Por qué?

No preguntas autodestructivas. No "¿Por qué siempre esto me pasa a mí?", sino más bien "¿Qué puedo aprender de esto que cambiará mi resultado?". ¿Ves la diferencia? Las buenas preguntas pueden marcar una gran diferencia.

1. **Descubre tu asignación.** ¿Cuál es esa cosa a la que sigues volviendo? ¿Qué te surge una y otra vez? ¿Qué quieres arreglar en este mundo? Si algo te molesta, probablemente sientas pasión por ello. Si ves el problema, probablemente seas tú la persona indicada para hacer algo al respecto. Si lo ves, es tuyo.

2. **Haz algo que te guste, no algo que odies.** ¿Qué te hace sentir bien? ¿Qué te emociona o te llena de intensidad? Esfuérzate por descubrir qué está generando buenos resultados. Si después de un mínimo de tres años, o un máximo de cuatro, no estás obteniendo resultados, tal vez no deberías seguir haciendo eso. Entiendo que algunas cosas toman tiempo antes de materializarse. Lo que quiero decirte es que: "Si el caballo está muerto, desmonta". No persistas en esfuerzos fútiles, intentando que una pieza cuadrada encaje a la fuerza en un agujero redondo. La sabiduría reside en reconocer

cuándo es momento de dejar atrás lo que ya no tiene vida, en lugar de forzar lo irremediable. Acepta lo que es, suelta lo que no funciona, y no sigas malgastando tiempo y energía en lo que ya ha dejado de ser útil.

3. **Haz lo que te nace de forma natural.** ¿Qué fluye desde lo más profundo de ti? ¿Es acaso un anhelo de crear, de construir, de gestionar, de enseñar, de discursar, de cantar, de volar, de aconsejar, de organizar, de sanar, de comunicar?

4. **Atrévete a ser único.** Prueba algo nuevo. Explora las cosas que te interesan. Encontrarás tus dones y talentos al intentar cosas diferentes. Haz lo que nadie más se ha atrevido a hacer. Aquellos que alcanzan un éxito extraordinario lo logran porque supieron aprovechar su singularidad. Tu valor está en ser único.

5. **Da pequeños pasos hacia tu destino.** Comienza haciendo algo. Al tomar acción descubrirás si estás avanzando en la dirección correcta.

6. **Consigue un mentor** ¿Podría un mentor brindarte algunas perspectivas sobre los talentos que percibe en ti? ¿Podría

ofrecerte sugerencias que te ayuden a llegar a donde deseas llegar? Mantente receptivo a escuchar sus recomendaciones. Después de considerar lo que sugiere, ¿Tiene sentido para ti? Si es así, sabrás que vas por el camino correcto. Cualquiera puede ofrecerte una opinión, pero la sugerencia debe sentirse alineada a tus valores. Por cierto, si miras a tu alrededor y no encuentras a alguien que pueda ser tu mentor, recuerda que, en el mundo de hoy, tenemos acceso a todo en línea. Existen videos, pódcast, libros, seminarios, conferencias, etc. Este puede ser un excelente punto de partida.

7. **No te desvíes del camino.** ¿Serás responsable cuando te encuentres en un trabajo de poca visibilidad? ¿Cumplirás con tu compromiso y llegarás a tiempo? Este es un período de preparación. Nadie alcanza su destino sin antes haberse preparado.

8. **Sé confiable en tu función.** Cada integrante es esencial para el resultado final. En una final del Super Tazón, ¿acaso hay un jugador más importante que el equipo entero? Aférrate a la visión, no solo a la posición.

9. **Sirve a los demás.** Eres responsable por los dones que te

han sido dados. Tus dones muestran el amor del Creador por la humanidad. Tus dones son para el beneficio de los demás. El verdadero líder no se impone, sirve con humildad y propósito.

10. **Ama a las personas.** Ama a las personas. Tu destino está entrelazado con el de los demás. Sé la clase de persona que ve lo mejor en los demás, perdona lo peor y siempre guarda esperanza. No dejes que los tropiezos detengan el curso de tu destino.

11. **Ocupa tu destino.** El destino no es un punto final al cual se llega en un momento dado, sino un lugar donde te plantas con firmeza y proclamas: 'este es mi lugar'.

12. **Confía en Dios.** Él es quien abre las puertas y te promueve. No permitas que el miedo te descarrile. Si Dios te dijo que algo es tuyo, créelo. No dejes que nadie te convenza de que no tienes un propósito. No estás aquí solo para ocupar espacio, pagar cuentas e impuestos, sufrir y morir. ¿Por qué estarías aquí para eso? Tienes dones y talentos especiales. Tu Creador te hará claro cuáles son esos dones y te dará la capacidad para desempeñarlos.

13. **Cree en ti mismo.** Cree en ti mismo. Cree que tienes todo lo necesario para lograr tus metas. No dejes que la duda te destruya.

14. **Consigue un equipo.** Si tienes colaboradores que ya te apoyan y realizan el trabajo de manera desinteresada, seguramente lo harán cuando les pagues.

15. **Confía en la protección de Dios.** Confía en la protección de Dios. Si aún no has llegado, es posible que estés en un proceso de preparación. Dios nunca te llevará a un lugar de forma prematura. Dondequiera que te lleve, Él te sostendrá.

16. **Proponte ser el líder que tu seguirías.**

Algunas palabras sobre los dones y talentos

Tienes dones y talentos específicos que te hacen único. Estos dones no solo son inigualables, sino que también son esenciales para enriquecer la vida de las personas que te rodean. Tus dones son luz para aquellos que pueden estar buscando su camino. Lo que piensas que puede ser algo pequeño o insignificante podría ser precisamente lo que inspire a alguien.

Las personas que crucen tu camino se beneficiarán de lo que tú posees. Ya sea que los impulses a aspirar a la grandeza o que los molestes tanto que, al final, ayude a refinar su carácter. Entiende que eres una parte vital del ecosistema de la vida. Nadie más puede ofrecer al mundo lo que tú tienes. Utiliza tus talentos. Es egoísta privar a los demás de ellos. No escondas esa parte especial de ti que solo tú puedes aportar. Es como un rompecabezas: sin la pieza que tú juegas, la imagen no está completa.

Puede que no descubras todo de inmediato, pero no te estreses, relájate. Las respuestas llegarán con el tiempo. Trátate con delicadeza. No te frustres. Ten paciencia. Considera los siguientes consejos para el éxito.

Optimizadores de vida:

Autoconfianza

La autoconfianza te empodera. No es arrogancia. La auto-confianza es estar seguro de que todos tus planes saldrán adelante. La calma que proyectas ante los desafíos te permite enfrentarlos con claridad, sabiendo que todo se resolverá a su debido tiempo. Se podría decir que es pensar positivamente. La autoconfianza abre puertas y lleva al éxito. Un hombre seguro de sí mismo sabe reunir a la gente a su alrededor. La confianza es la cualidad más atractiva que un hombre puede poseer, y la gente la percibe. Las personas desean seguir tu luz. Usa tu confianza para impactar la vida de los demás.

Probablemente ahora estés pensando: "Bueno, eso suena genial. ¡Vamos! Gracias por animarme. Pero, ¿de qué me sirve escuchar lo maravilloso que es tener autoestima si no me siento de esa manera por dentro?" Ser consciente de un problema siempre es el primer paso para cambiar las cosas. Lo diré nuevamente: hazte preguntas de calidad.

1. ¿Qué creo sobre mí mismo?
2. ¿Alguien me menospreció? ¿Creo lo que dijeron?
3. ¿Estarán limitándome esos pensamientos?
4. ¿De dónde estoy obteniendo mis ideas sobre mi autoestima?
5. ¿Está mi autoestima atada a un trabajo, a una persona o a una creencia limitante?
6. ¿Solo me siento bien conmigo mismo cuando tengo dinero?
7. ¿Tengo temor de algo?
8. ¿Es hora de lanzarme y actuar?
9. ¿Qué puedo hacer para cambiar mi situación?

Obtener tu autoestima de las personas o del dinero eventualmente te decepcionarán. No dependas de ninguno de los dos. Cambia tu enfoque y podrás cambiar tu mundo.

Poder Personal

Los ganadores nunca se rinden, y los que se rinden nunca ganan.

Dentro de ti hay una fuerza más grande de lo que crees. El auto poder es la capacidad de tomar acción con valentía y lograr resultados extraordinarios, sin dejarte detener por las circunstancias. Habrá personas y situaciones que podrían desanimarte. Recuerda, no le cedas tu poder personal a nadie. Te enfrentarás a situaciones que pondrán a prueba tu carácter, integridad y paciencia. Habrá momentos en los que querrás rendirte porque no parece haber ninguna razón para continuar. No importa lo que pase, nunca te rindas. Como dijo el legendario entrenador de fútbol americano Vince Lombardi: "Los ganadores nunca se rinden, y los que se rinden nunca ganan".

En el fin de semana del Día del Presidente de 2009, mi familia y yo fuimos al Centro Espacial Kennedy y conocimos al astronauta Story Musgrave. En el evento "almuerzo con un astronauta", Story dijo dos cosas muy importantes en respuesta a la pregunta: "¿Qué consejo le darías a alguien que lucha con la motivación?" Estoy expresando a mi manera la respuesta de Story, pero el resumen es que siempre tienes que seguir adelante y no dejar que las circunstancias te derroten. Contó al público que su familia tenía un historial de múltiples suicidios. Dijo que, en lugar de permitir que esas tragedias lo destruyeran, fueron precisamente el combustible que necesitaba para seguir adelante. Si hubiera permitido que estas tragedias lo dominaran, habría renunciado a su auto poder y habría estado controlado por aquellos ya estaban en una tumba. Es importante que no permitas que la historia de tu familia, maldiciones u otros relatos determinen tu futuro. No puedes permitir que las críticas o el cinismo de otros definan quién eres. Sin duda, las familias ejercen una gran influencia, capaz de darte alas para volar o de sellar tu destino de manera negativa.

Habrá momentos en los que las cosas en tu vida no tengan sentido. Yo he enfrentado momentos en los que nada me salía bien. He vivido sin tener idea de mi propósito o pasión. He estado en situaciones en las que parecía que no había respuestas. A veces tuve que vivir con el hecho de que no podía hacer nada para cambiar una situación o las personas involucradas en la crisis. Lo que aprendí fue no perder mi enfoque. Lo que aprendí fue no dejar que otros envenenaran mi espíritu. Tuve que concentrarme en lo que estaba bien y no en lo que estaba mal. Créeme, lloré y me quejé mucho por cosas que eran completamente desalentadoras. Pero eso no me condujo a nada productivo. Me sentí triste y amargada, y perdí mucho tiempo valioso ingiriendo el veneno del descontento. Descontento proveniente de traiciones, hipocresías, relaciones dolorosas, egoísmo, decepciones, etc. Debes aprender a trabajar con la vida que tienes, porque es la única que posees. Las circunstancias pueden robarte el futuro si les das poder sobre ti. Perdí muchos años sumida en el dolor y el enojo, y a nadie le importó. Nadie asumió la responsabilidad de su parte en mi sufrimiento. Pasé años esperando que las personas tomaran responsabilidad por sus acciones, pero ellos pasaban desapercibidos de sus faltas. En los mejores de los casos solo recibí excusas baratas. Y en los peores de los casos ni siquiera un reconocimiento de su transgresión. Lo que aprendí es que le di a las personas mucho más crédito de lo que merecían y pasé demasiado tiempo lamentándome y esperando justicia.

Yo era la que estaba a cargo de mi propia justicia. Yo era la que necesitaba liberarme y simplemente ponerme a vivir. Supongo que mi sentido de justicia no era igual a los demás. La vida a veces no es justa. No todos juegan según las reglas. Mientras vivas, serás herido. Así que ahora que lo sabes. Te ofrezco otro consejo, una vez que aceptes que las cosas no siempre irán como deseas, entonces podrás sobresalir. Ahí es donde encontrarás la puerta hacia la libertad. Cuando las circunstancias no te definan, cuando las personas no puedan hacerte daño, cuando aprendas a tomarte a ti mismo con ligereza, cuando dejes de entrar en pánico, entonces podrás ser verdaderamente libre. ¿Cómo se vería eso para ti? ¿Puedes imaginar el potencial de ser todo lo que puedes llegar a ser cuando alcances ese punto? No llegará en un día. Puede llegar con mucho dolor. A veces llega entre gritos y pataleos, pero llega si estás abierto a ello.

Algunos de nosotros escuchamos consejos y algunos de nosotros tenemos que aprender a la mala. Debería haber descubierto esto hace mucho tiempo, pero todo me eludía. Estaba atrapada y no tenía idea de cómo salir. No tenía la fuerza, ni la esperanza para lograrlo. No voy a engañarte: mientras leo algunas de las cosas que te he dicho, me digo a mí misma: "¡Practica lo que predicas!" Algunos días es más fácil que otros para mí hacer lo que recomiendo. Una y otra vez caí de rodillas, orándole a Dios por una salida de la prisión de creencias que me despojaban de mi auto poder. Tuve que recuperar mi enfoque. Lo encontré cada vez cuando miraba a Dios como mi fuente de esperanza. Lo que ahora entiendo es que cada vez que permito que las personas me quiten la alegría, les estoy dando mi poder personal y ellos obtienen la ventaja porque les estoy permitiendo manipularme e influir mis acciones. El mantener tu paz y tu alegría te ayudaran a mantener el control sobre tu vida. ¿Cuál es la alternativa? ¿Vas a permitir que todos te controlen por el resto de tu vida mientras sigues siendo infeliz y miserable? Eso no me parece una buena opción. Alguien que conoces puede ser extremadamente talentoso en sacar lo peor de ti. El asedio implacable puede sacudir la mente y tensar el corazón, pero no puede quebrar el espíritu que se niega a rendirse. Es por esto que necesitas estar preparado para lidiar con personas como estas. Si sus opiniones o críticas no contribuyen a tu crecimiento, tu paz o a tu destino, ignóralas. Nunca renuncies a tú auto poder.

Destructores de Vida:

Las Excusas

> *Las excusas son simplemente una justificación para el fracaso.*

Alguien me dijo una vez que las excusas son simplemente una justificación para el fracaso. "Es tan difícil" y "no puedo evitarlo" son probablemente las excusas más usadas de todas. ¿No será acaso una forma sutil de evadir la responsabilidad frente a los problemas? Al fin y al cabo, si la culpa es de otra persona, uno se libera del peso. Creo que las personas que dan excusas corren el peligro de caer en un patrón de vivir por debajo de su máximo potencial. Las excusas pueden llevar a las personas por el camino de la mediocridad. Llega un momento en el que todos necesitamos ser honestos con nosotros mismos y definir cómo se ve una vida plena para nosotros como individuos. Solo podemos controlar nuestras propias decisiones y no las de los demás. Yo, por ejemplo, tuve que preguntarme si estaba dispuesta a asumir la responsabilidad de mis decisiones. Tuve que elegir no verme como una víctima. Sé que se necesita coraje para vivir una vida extraordinaria. Mis preguntas para ti son: ¿Quieres ser imparable? ¿Deseas vencer

> *Saltar hacia lo desconocido da temor, pero también es gratificante.*

el miedo que te está deteniendo? Te animo a enfrentar aquello que te asusta y superar ese desafío. Si sientes miedo, hazlo con miedo. Saltar hacia lo desconocido da temor, pero también es gratificante. ¿Quieres justificar dónde te encuentras o prefieres ir tras lo que realmente deseas? No esperes las circunstancias "perfectas", pues no existen. Pasarás tu vida entera esperando la perfección y no la encontraras. Si intentas vivir con una malla de seguridad, jamás volarás. Atado a una cuerda no se vuela.

La Mediocridad

La mediocridad es una plaga silenciosa que devora el potencial humano. Una persona mediocre es alguien que transita la vida sin dejar huella, perdida en la monotonía de su propia existencia. ¿Por qué? Porque no deja huella, porque no marca una diferencia. Ser mediocre es como ser invisible. La mediocridad se conforma con hacer lo mínimo, con hacer lo justo para salir del paso. Sin embargo, una vida de excelencia, con todo su potencial y desafío, no se logra a través de la mediocridad. No se consigue viviendo dentro de una jaula, atemorizado de salir, incapaz de ser audaz. Vivir de esa manera es como estar muerto en vida.

Si alguna vez te encuentras en ese lugar, atrapado en la mediocridad, sin saber cómo escapar, da un paso pequeño. El éxito no se construye con un gran salto, sino con innumerables pasos pequeños. Cada día, decide avanzar, aunque sea un poco, hacia una manera distinta de hacer las cosas. Si tienes que escoger entre hacer el café fresco o beber lo que quedó del día anterior, da ese paso adicional y prepara el café fresco. Si tu jefe te pide los papeles en su escritorio para el miércoles, tenlos listos para el martes. Da esos pequeños pasos. Podrías preguntarte, ¿por qué debo molestarme en hacer eso? ¿Qué gano con eso? ¿Por qué debería hacerlo por mi jefe si él es un tirano? Porque la excelencia puede llevarte lejos. La excelencia te permite demostrar, tanto a ti mismo como a los demás, que no dejas que las circunstancias te definan. Demuestra que eres capaz de elevarte por encima de los retos.

Una actitud de excelencia atrae a las personas hacia ti, hace que quieran apoyarte. Cuando te destacas, la gente lo nota. La mediocridad te ofrece una vida promedio, un trabajo promedio, amigos promedio, una existencia promedio. Pero hay algo más grande que ser promedio. No significa que si tu vida sigue una rutina diaria no sea valiosa; incluso Oprah tiene una rutina diaria, y su vida es considerada por muchos como fascinante. La diferencia radica en que personas como ella aprovechan las oportunidades y viven la vida con un sentido de asombro constante. Es ese asombro el que otorga grandeza a la vida. La mediocridad siempre dirá: "Tomaré este paso, pero hasta aquí llegaré", y en efecto, hasta ahí llegarás. La mediocridad es vivir con límites, aceptarlos y conformarse con ellos.

El Orgullo Tóxico

El orgullo tóxico es un obstáculo. Este tipo de orgullo dice: "Yo lo sé todo y no necesito a nadie." ¿Cómo se puede saber cuándo alguien está siendo orgulloso? Cuando las personas son argumentativas, cuando no están dispuestas a aprender, cuando carecen de humildad, cuando no perdonan, cuando están llenas de sí mismas... en esos casos, probablemente están atrapadas en un orgullo tóxico. El orgullo tóxico convence a las personas de que solo pueden depender de sí mismas. Se cierran a los demás. Sin embargo, siempre hay algo que aprender de los demás. No te engañes, no cierres tus oídos a lo que alguien te pudiera decir. Pero también eso no significa que debes escuchar los consejos de todas las personas. Sé consciente de las voces que permites que hablen en tu vida. Mientras elijas consejo sabio, estarás bien.

¿Por qué?

No dejes que el orgullo tóxico te impida recibir lo mejor que Dios tiene para ti. La mayor posición de poder es de rodillas. Si eres demasiado orgulloso para adoptar una postura de humildad, estarás bloqueando efectivamente tu capacidad de obtener sabiduría respecto a los desafíos que puedas estar enfrentando.

Cuando estás en una situación en la que no ves salida, cuando estás en una situación en la que no sabes qué hacer, la única respuesta perfecta la sabe tu Creador. El orgullo tóxico tiene varias expresiones: crítica, impaciencia, juicio, odio y egoísmo. Revisa tu comportamiento. Cuando veas cualquiera de estas expresiones, sabrás que estás caminando en orgullo. No te estás haciendo ningún favor. Este es el camino más rápido hacia el aislamiento y la desesperación. Puedes evitar muchos problemas evitando el orgullo.

Mi Consejo de Madre:

Confía en Dios con tu destino.

Punto Clave:

Eres una luz en el mundo. Naciste en este punto específico de la historia para compartir tus dones y talentos en beneficio de la humanidad. No eres un accidente. Estás aquí para cumplir un propósito. Eres el único que puede cumplirlo y eres el único tú que existirá jamás. Eres la pieza del rompecabezas que completa la imagen completa.

Principio Fundamental:

"y conocerán la verdad, y la verdad los hará libres" (Juan 8:32 NTV)

Recursos Recomendados: (La mayoría disponible en Amazon)

- **Sobre el propósito:** *Una vida con Propósito: ¿Para qué estoy aquí en la tierra?* de Rick Warren
- **Sobre el propósito:** *Comienza con el porqué,* de Simon Sinek (libro)
- **Sobre el propósito:** *Comienza con el porqué,* de Simon Sinek (video)

Enlace de YouTube: https://www.youtube.com/watch?v=E9qKyX9NiTs

- **Sobre vivir con éxito:** *El Secreto,* de Rhonda Byrne
- **Sobre cómo vivir victoriosamente:** *Su mejor vida ahora, Siete pasos para vivir a su máximo potencial* de Joel Osteen

https://www.youtube.com/watch?v=XZ5NaZ2Ucdo

¿Por qué?

Notas:

Capítulo 2

Identidad

Pregunta: ¿Quién soy yo?

¿Por qué ha de importarme? ¿Qué gano con esto? Felicidad y una gran vida.

¿Por qué te digo esto?

Tener una autoimagen saludable es una de las claves para una vida feliz. Naciste para ser un líder porque estás destinado a tener una vida de propósito, no solo de éxito.

El Trasfondo:

Bill era un conferencista. Cada año organizaba una conferencia de desarrollo personal. Les daba consejos a las personas sobre cómo alcanzar sus sueños. Su entusiasmo era contagioso. Bill acaparaba la atención de las personas a su alrededor. Los motivaba a la acción. Bill era carismático. Como coach de vida, hablaba sobre ser enfocado e imparable. Hablaba sobre la comunicación honesta y ser claro en lo que uno dice. Daba consejos sobre cómo cambiar los pensamientos y así poder cambiar el destino. Bill realmente inspiraba a las personas a vivir sus sueños. Aparentaba ser refinado, una figura ejemplar. Se presentaba como un esposo y padre amoroso. Desafortunadamente, todo eso era una fachada. En su vida personal, no vivía los valores de los que hablaba, como la honestidad e integridad. Al final de sus conferencias ofertaba unos programas costosos. Después de conseguir que las personas se inscribieran, no les brindaba la mentoría que había prometido. No respondía las llamadas. Favorecía a ciertos individuos. Trabajaba con aquellos que lo promovían. Ignoraba a quienes el consideraba irrelevantes. Bill tenía un equipo de apoyo fuerte y una esposa amorosa, que contribuyó de manera decisiva a su éxito. Era admirado y recibía agradecimiento de muchas personas. Era admirado por muchos y poco a poco se le subieron los humos. Era tanta la atención que en un momento de flaqueo terminó engañando a su esposa. En público, ella era su todo. Eran la pareja perfecta. Detrás de puertas cerradas, la historia era diferente. Y a la final terminaron en un divorcio. La siguiente conferencia que organizó no estuvo tan bien organizada ni tuvo tanta asistencia. Con todo lo pasado, Bill decidió mudarse al extranjero, dejando atrás a sus hijos. Su credibilidad sufrió un gran daño, pues se hacía pasar por alguien que realmente no era. Bill hablaba sobre el hecho de que en la vida no se trata de ganar o perder, sino de ganar o aprender. Sé que las cosas que experimentó durante ese periodo de su vida le enseñaron una lección muy difícil. Bill comenzó a reconstruir su vida. Reconectó con sus hijos. Comenzó a construir su negocio desde cero. Bill tuvo que aprender que el éxito sin integridad no es realmente éxito. La vida sin relaciones profundas es superficial. Recuerda, el éxito no es más importante que vivir una vida de integridad y propósito.

Uno en 400 mil millones

¿Sabías que para todos los que nacemos, ya hemos superado enormes probabilidades? Leí que hay solo una posibilidad en 400 mil millones de nacer.

Binazir, Dr. Ali. Probabilidad de nacer, casi cero Recuperado el 24 de junio de 2025 de https://www.20minutos.es/noticia/2256427/0/probabilidad-nacer/practicamente-cero/harvard/#

Ese simple hecho ya te dice que eres un milagro y que naciste para ser un campeón. Entonces, ¿por qué tantas personas atraviesan la vida llena de inseguridades? Las razones pueden ser muchas, pero lo esencial es no permitir que tu pasado defina quién eres. Es importante saber de donde vienes, pero eso no predice a donde vas. No permitas que las opiniones de los demás tengan una influencia desmesurada sobre ti. Reconocer lo extraordinario que realmente eres te dará la seguridad que necesitas para lograr tus metas. Si aún dudas de lo increíble que eres al pensar que "eres un milagro", te propongo que consideres lo siguiente: Fuiste creado por el Gran Maestro del Universo. Te digo esto no con la intención de darte un gran discurso sobre Dios, ni tampoco pasarme por sabia, pero esto es lo que descubrí. Pasé gran parte de mi vida sintiéndome descontenta conmigo misma por una variedad de razones. Un día decidí abrir la Biblia y para mi gran asombro, descubrí que decía cosas maravillosas sobre mí. Descubrí que fui creada en la imagen de Dios. ¿Cómo puedo ser basura si soy un reflejo de Dios? Comencé a pensar en el poder de verme de esa manera y toda mi perspectiva cambió. Si eso no fuera suficiente para animarme, también descubrí que era amada, única y valiosa. ¡Guau, impresionante idea! Solo había escuchado cosas negativas sobre mí misma durante tanto tiempo, que la idea de que yo valiera la pena me dejó sin palabras. Ese fue el comienzo de mi viaje hacia sentirme completa.

La Plenitud

Lo más importante que puedes hacer por ti mismo es lograr sentirte completo. No arrastres al presente un elenco de personajes del pasado; eso solo recarga tu vida innecesariamente. Deshazte del desorden en tu vida. Desata esos nudos que te tienen atado. Al principio te aseguro que no será agradable, pero sin duda te sentirás mucho mejor una vez que eso esté fuera de tu camino. Es imposible disfrutar tu vida y vivirla al máximo si sigues arrastrando las cargas del pasado. Ahora bien, te entiendo; esto es más fácil decirlo que hacerlo. Es importante poner en orden tu propia vida. Reflexionar sobre el pasado puede ser doloroso, pero arrastrarlo contigo durante el resto de tu vida es aún peor. El dolor es un camino que, a veces, debemos recorrer para convertirnos en seres más poderosos. Si te enfrentas a tu pasado y lo pones en su lugar adecuado, te das la oportunidad de disfrutar del presente y vivir. Haz lo que sea necesario. Lee libros, ve a un terapeuta, trabaja en tu desarrollo personal, habla con un amigo, ora. Sé que tal vez estas no sean las primeras cosas que pensarías hacer. Tal vez parezca mucho esfuerzo, pero llegará el momento en que será necesario hacerlo. A veces, para vivir una vida extraordinaria, es necesario atreverte a dar pasos igual de extraordinarios.

Elimina el temor

El temor en cualquier área de tu vida te paralizará. No puedes avanzar mientras estés viviendo con temor. El miedo te mantendrá al margen. El miedo te costará la vida. Debes desafiarte constantemente y avanzar más allá de lo que te resulta familiar. Así es como se gana la vida. Un movimiento audaz a la vez. Por cierto, no importa si el paso es grande o pequeño, lo importante es que des un paso. Ni tampoco te preocupes por lo que falta por recorrer, solo avanza poco a poco.

El miedo siempre intentará mostrarte todo lo que podría salir mal. En el fondo, solo busca protegerte. Pero cuando aparezca, respóndele con calma: 'Gracias por advertirme, pero hoy elijo avanzar con valentía'. Te asombrará ver cómo puede transformarse tu vida cuando decides actuar a pesar del temor.

Si el miedo te está agarrando fuertemente y sientes que no puedes avanzar, te recomiendo el libro Vivir sin miedo de

Rhonda Britten. Es una guía transformadora para liberarte del estancamiento y para recuperar tu poder interior. Cualquiera puede ofrecerte un consejo, y muchas veces, al escucharlo, podrías pensar: 'Dime algo que no sepa ya.' Pero lo que verdaderamente transformó mi vida del programa de Rhonda no fue una frase inspiradora, sino haber encontrado, por primera vez, una guía clara y paso a paso para liberarme. No era solo teoría, ni palabras bien intencionadas, sino un camino concreto para romper mis cadenas. Y eso, sinceramente, no tiene precio.

La Pasión

La pasión es la chispa divina que enciende el alma y da sentido a tu existencia. Disfruta, y vive tu vida con plenitud. Tu pasión no es solo tuya: es un regalo que el mundo necesita. No la ocultes, no la entierres, y, sobre todo, no le niegues a los demás la luz que nace de ella. Vive intensamente, ama apasionadamente. Cuando das lo mejor de ti, iluminas al mundo tal como estás destinado a hacerlo. Durante mucho tiempo creí que no era posible hacer de mi pasión una realidad. Tenía la idea, de que para tener a Dios en mi vida debía renunciar a aquello que amaba. Pensaba que Él me juzgaría porque no quería estar encerrada en una iglesia todo el tiempo.

¿Por qué?

Pensaba que la vida con Él sería aburrida. Estaba tan equivocada. Descubrí que Él es quien me da más pasión por las cosas que amo hacer. Hoy sé que mi pasión no me aleja de lo divino, sino que es una de las formas más puras de honrar a Dios. No confiaba en Él. Cuestionaba. Cada vez, Él me tomaba de la mano como un padre amoroso y paciente y me mostraba las cosas que necesitaba aprender. Él se encontró conmigo en el punto exacto donde estaba. No trato de cambiarme antes de aceptarme. En lugar de rechazar mi singularidad, la valoraba y la celebraba. Él ama a aquellos de nosotros que somos diferentes. Él enciende la pasión en nosotros y es fiel para llevarnos a nuestro máximo potencial y una vida plena. Decídete a vivir con pasión. La vida no es algo que solo pasa, es el resultado de tus decisiones. Puede sonar simple, pero la frase 'Eres lo que dices que eres' tiene gran significado.

Si crees que tienes una vida llena de pasión, poder y amor, eso es exactamente lo que tendrás. ¿Por qué? Porque lo estás afirmando. Cada vez que haces una afirmación, creas una nueva vía neuronal en tu cerebro. Y con el tiempo lo que afirmas se convierte en realidad. Si te preguntas cómo llenar tu vida de pasión, mi consejo es que todos los días hagas algo que te impulse y te motive. Alimentas tu cuerpo todos los días, ¿verdad? ¿Por qué no hacer lo mismo por tu alma? Haz algo diario que te mantenga vivo por dentro.

> *"Tus palabras se convierten en tus acciones.*
> *Tus acciones se convierten en tus hábitos.*
> *Tus hábitos se convierten en tu carácter.*
> *Tu carácter se convierte en tu destino."*

(Lao Tzu, filósofo chino considerado el fundador del taoísmo, siglo VI a.C.)

El Agradecimiento

Un corazón agradecido abre la puerta a lo mejor que la vida tiene para ofrecerte. Es la plataforma de lanzamiento de tus sueños y de tu destino. El agradecimiento te mantiene enfocado en lo que es bueno en el momento y te permite celebrar el presente. Muchas veces, las personas se enfocan en "seré feliz cuando__________ (llena el espacio en blanco)." Si siempre estás pensando en el mañana, te perderás la oportunidad de vivir el hoy. Si solo eres feliz cuando todo está perfecto, tu vida será frustrante y una lucha constante. Pero si eres agradecido, si eliges enfocarte en lo que está funcionando bien en tu vida, todas las demás molestias no parecerán tan malas o, al menos, serán tolerables.

Las emociones pueden ir de un lado a otro, con muchas altas

y bajas, pero cuando vives tu vida en agradecimiento, es como cuando pones el termostato en su punto óptimo. Ya no estas expuesto a los extremos. Desde ese punto de partida puedes trabajar, crecer, soñar, prosperar y vivir tu mejor vida. El agradecimiento te hace bien tanto en lo físico, psicológico y social. Dormirás mejor, tendrás más energía. Te sentirás más feliz y optimista. El agradecimiento te hará más generoso, perdonador, compasivo y extrovertido. Te hará sentirte menos aislado. Cuando pones tu atención en lo bueno, atraes más cosas positivas a tu vida.

Las quejas cierran las puertas a las bendiciones.

Las quejas cierran las puertas a las bendiciones. No significa que la vida sea perfecta. No significa que no tengas quejas, cargas o problemas. Solo significa que eliges lo que te trae mejores resultados. Tu cerebro es una herramienta. Puedes usar esa herramienta para elevarte o para derribarte. Tu escoges. Tienes el poder de tomar esa decisión, y es una decisión. Eso no significa que te despertarás por la mañana sintiéndote automáticamente agradecido. Habrá días en los que tendrás que luchar con todas tus fuerzas por mantenerte firme. Días en los que deberás atrapar ese pensamiento negativo al vuelo y defender tu paz interior como si tu vida dependiera de ello. Porque, en cierto modo, así es. Tendrás que pensar de manera intencional y a propósito en las cosas positivas de tu vida. ¿Por qué? Porque, la mente humana, por instinto, suele inclinarse más hacia lo negativo. Tendemos a enfocarnos más en lo que falta o está mal que en todo lo que está bien. Vives contigo mismo en todo momento; si te torturas con pensamientos negativos, te agotarás. Como resultado, no tendrás la energía necesaria para atraer las cosas buenas que deseas en tu vida.

Si quieres ser agradecido, haz un inventario de todo lo bueno en tu vida, has sobrevivido hasta este punto, seguramente eso es algo de celebrar. Habrá momentos en los que sentirás que no hay nada por agradecer y lo entiendo, especialmente si estás pasando por un momento difícil. Al mínimo, puedes estar agradecido de que nada más haya salido mal. O tal vez, de que has podido resistir la temporada en la que te encuentras. Quizás puede ser tan simple como que no tuviste que planchar tu ropa esta mañana. Comienza con lo que tienes. ¿Estás sano? ¿Tienes un lugar dónde vivir? ¿Tienes comida para comer? ¿Tienes talentos, amor, regalos y amigos? Si empiezas a pensarlo, tu lista probablemente será más larga de lo que te das cuenta. Reconoce que todo lo bueno en tu vida es un regalo. El agradecimiento reducirá tu estrés y aumentará tu autoestima. Celebra lo mejor de ti mismo y lo mejor de los demás. Comienza un diario de gratitud. No tiene que ser nada más que escribir "Hoy estoy agradecido por __________." Luego revísalo una vez a la semana o una vez al mes. Te sorprenderá cuántas cosas grandes y pequeñas encontrarás cuando aumentes tu conciencia. El agradecimiento se convierte en una de tus armas más poderosas para vivir con felicidad.

Optimizadores de vida:

1. Integridad. Sé siempre un hombre que cumple su palabra.

"Cuando ustedes digan "sí", que sea realmente sí; y cuando digan "no", que sea no. Cualquier otra cosa que digan más allá de esto proviene del maligno." (Mateo 5:37 NVI)

Haz acto de presencia, hasta cuando te cause dolor y te cueste esfuerzo. Puede que te cause vergüenza. Puede que te cueste dinero o sacrificio, pero, independientemente de todo, cumple tu palabra. Tu palabra debe ser tu compromiso. Sé directo. Haz lo que dices. No enredes a la gente con palabrerías. Haz lo que prometes. No hagas algo malo solo porque todos los demás lo están haciendo. No comprometas tus valores aún en las cosas pequeñas. Es tan fácil convencerte de que los pequeños detalles no importan. Si dejas que las pequeñas cosas se te escapen, ¿cómo esperas que te confíen las cosas grandes? Hagas lo que hagas, no sigas a la gente: no seas un esclavo a la aprobación los demás. Una persona íntegra es abierta y honesta. Una persona íntegra es la misma en público que en privado. La integridad es una gran palabra que solo un gran hombre puede cumplir. Conviértete en una luz brillante; el mundo reconoce a alguien de integridad porque es tan escaso hoy en día.

2. Escucha y respeta a los demás.

Oriéntate al trabajo en equipo. Piensa en los demás primero y elévalos. Asegúrate de hacer una diferencia en sus vidas. A medida que edificas a los demás y los ayudas a lograr sus sueños, ellos te ayudarán a construir los tuyos. Todos necesitan sentirse valorados, especialmente aquellos que te ayudan a lograr tus metas. Si no hay respeto mutuo, es imposible ser efectivo. Por esta razón, es importante escuchar cuidadosamente las necesidades de los demás; esto ayuda al equipo a mantenerse comprometido y sentirse valorado. Así es como todos tus sueños cobran vida. Adopta el liderazgo servicial.

¿*Por qué?*

3. **Enfoque**

El enfoque es una clave fundamental para el éxito. Rara vez tendrás éxito en algo sin estar enfocado. Debes ser decisivo y deliberado. El enfoque se aplica a todo. No importa lo que estés buscando, ya sea ser un gran atleta, un gran científico, un gran escritor, un gran padre, un gran esposo, un gran hombre de Dios. Todo requiere enfoque. Entonces, ¿Cómo te mantienes enfocado en tus objetivos? Sigue alimentando tu meta con pensamientos positivos. Lee libros que te lleven al éxito. Decora tu pared con fotos de personas que admires por sus logros. Haz algo cada día, grande o pequeño, para perfeccionar tus habilidades. Mantén tus ojos fijos en tu objetivo. Las distracciones son el camino hacia el fracaso. La constancia es la clave para el éxito. Cada vez que te desvías de tu objetivo, es más fácil sentirte desmotivado o desinteresado. El desánimo llegará. Sé consciente de ello y sigue adelante a pesar de él; hazlo con miedo, hazlo con dolor, hazlo desanimado, solo hazlo. La mayoría de los hombres exitosos te dirán que debes ser implacable en tu búsqueda. Hay ciertas verdades en la vida, y una de ellas es

> *Las distracciones son el camino hacia el fracaso.*

> *La constancia es la clave para el éxito*

que, si pierdes tu enfoque, perderás tu camino. No dejes que las circunstancias te distraigan. Las circunstancias, te lo garantizo, son temporales y se pueden superar. Cuando apartas la vista de lo que estás persiguiendo, es como si perdieras el blanco. Si pierdes el enfoque, ¿cómo sabrás qué dirección tomar? Si no planificas, estás planeando fracasar. Muchos hombres tienen sueños, pero los que logran sus sueños son aquellos que se mantienen firmes.

> *Si no planificas, estás planificando fracasar.*
>
> *— Benjamín Franklin*

Los planes nunca se mueven tan rápido como nos gustaría; por eso es sumamente importante mantenerse firme. Reagrúpate y continúa el viaje que comenzaste. Nunca te digas a ti mismo que es demasiado tarde, porque nunca es demasiado tarde. La única vez que es demasiado tarde es si has renunciado. Darse por vencido ocurre mucho antes de abandonar tu trayectoria. Reconoce las señales y cambia el rumbo. El fracaso es solo una lección, no un final. No te rindas.

> *Nunca te digas a ti mismo que es demasiado tarde porque nunca es tarde.*

4. **Termina lo que comienzas**

Esta es una idea sencilla. Sin embargo, No te puedes imaginar la cantidad de personas que no terminan lo que comienzan. Vivimos en un mundo de asuntos pendientes. Una persona puede comenzar con una gran idea y trabajar en ella con entusiasmo y fervor, pero en algún momento del recorrido, se detiene.

> *"Muchos de los fracasos en la vida son de personas que no se dieron cuenta de lo cerca que estaban del éxito cuando se rindieron."*
>
> — Tomás Edison

Tan pronto como comienzan los desafíos, la gente se rinde. Si algo no funciona de una manera, inténtalo nuevamente. Thomas Edison falló miles de veces en su intento por crear la bombilla de filamento de carbono, y, sin embargo, nunca se consideró un fracaso. Dijo: "No he fracasado. Solo he encontrado diez mil maneras que no funcionan." No huyas a la primera señal de problemas.

Sigue adelante hasta que consigas el éxito, porque "la visión sin ejecución es alucinación", y sí, cité a Edison tres veces. Esto es clave: con el tiempo, las personas olvidarán tus fracasos una vez que tengas éxito. Al final, no importó que Edison no lo hubiera logrado 10,000 veces, sino que descubrió

> *"la visión sin ejecución es alucinación"*

cómo hacerlo funcionar esa única vez y esa única vez revolucionó al mundo.

5. Sé tenaz. Sé ingenioso.

Siempre habrá desafíos: espéralos y desarrolla un plan para cuando surjan. Si vienen cosas que no podías haber previsto, sé resiliente ante los obstáculos. Tienes que encontrar alternativas. Mira el problema desde diferentes perspectivas. Entre las variadas perspectivas está la respuesta al problema que enfrentas. Lo único que no puedes hacer es volver atrás. Busca las posibilidades. Busca las oportunidades. No dejes que el problema sea tan abrumador que no puedas ver lo que tienes delante de ti.

Lo más importante que debes recordar aquí es que hay más de una forma de lograr algo. Usa tu creatividad. Aprovecha el poder de tu red de contactos y explora las oportunidades que te rodean. Si estás dispuesto a dar un paso más allá del esfuerzo común, te sorprenderás de lo que puedes lograr. Mantén los ojos bien abiertos: hay recursos a tu alcance que pueden ayudarte a avanzar con mayor eficacia y propósito.

¿Por qué?

6. Mantén tu legado vivo.

Tu legado, sin importar lo que sea, no puede sobrevivir si no hay nadie para continuar con la visión. Encuentra a alguien que comparta tu pasión y tu visión. Entrena a tu sucesor. Comparte tu vasto conocimiento. Enseña para que tu trabajo no haya sido en vano. Confíale a alguien el futuro. Comparte con otras personas lo que sabes y permíteles aportar sus dones para enriquecer la visión.

7. Sé una persona de excelencia

¿Cuáles son las características que más admiras en las personas? ¿Qué dirías de alguien que es amable, generoso, disciplinado, valiente, gentil, paciente, amoroso, divertido, fuerte, pacífico, gracioso, regio, revolucionario y poderoso? ¿Dirías que esa persona es alguien digno de seguir? ¿Conoces a alguien con esas cualidades? El sentido común te dirá que para ser el mejor debes tener un buen entrenador o mentor. ¿A quién estás escuchando? ¿Cómo quieres que esas características se muestren en tu propia vida? ¿Cómo quieres presentarte al mundo? La forma en que te presentas, tanto en tu apariencia personal como en tu carácter, muestra al mundo cómo te sientes contigo mismo. ¿Es tu vida un mensaje de excelencia? ¿Quiénes son los entrenadores que deseas en tu vida? ¿Qué parte de ti deseas compartir con los demás? Lo que entregas al mundo es la razón más poderosa para perseguir la excelencia; es también la forma más hermosa de dejar una huella que perdure, incluso cuando ya no estés presente.

Destructores de vida:

La Pereza

No seas perezoso. La pereza es el mayor enemigo de tu vida. La pereza es una ladrona. Desperdicia tu tiempo, roba tu salud, mata tu ambición y destruye tus oportunidades. La pereza no te ayuda a mantener un trabajo. Ni siquiera te da un lugar limpio donde vivir. La pereza no logra nada bueno. Para todo hay un tiempo y una temporada. Asegúrate de no llevar el descanso al extremo de la pereza. Sé que la vida puede ser abrumadora a veces. Sé que, en ocasiones, la vida puede parecer más pesada de lo que uno cree poder soportar. Sin embargo, ese sentimiento no justifica quedarse inmóvil; al contrario, es en esos momentos cuando más necesitas avanzar con valentía. No importa cuán difíciles se pongan las cosas, "Es demasiado difícil" son palabras que nunca deben salir de tu boca. Son el principio del fin porque señalan la derrota. No te desanimes, solo haz lo mejor que puedas.

La Arrogancia

No te dejes engañar por la arrogancia. Puede llegar sin que te des cuenta. Es fácil pensar "Mira lo que he logrado." "¿No crees que soy genial?" No seas presumiendo, detente y piensa en cómo tus palabras afectan a los demás. La jactancia afectará tus relaciones. Podrías pensar, "No necesito a nadie, yo puedo hacerlo solo; no los necesito." Nadie puede vivir en un vacío. Todos nos necesitamos mutuamente. Cada quien tiene algo que puede aportar. Cada persona tiene un don que contribuir. Un don del cual podrías beneficiarte para hacer tu vida más completa. No andes por ahí pensando que eres mejor que todos los demás, esa es una trampa que terminará aislándote del mundo. A nadie le gusta estar con alguien que siempre está halagándose.

Podemos pensar "¿Acaso no me merezco que me halaguen? Mira todo lo que he logrado." Las personas no siempre verán lo que has hecho. Tampoco deberías necesitar tanto la admiración.

La pregunta es, ¿Qué te falta? ¿Por qué sientes que necesitas esa admiración?

La arrogancia tiene muchas caras, por lo cual puede ser difícil de identificar. La arrogancia puede tomar la apariencia de humildad: "Oh, solo estaba tratando de hacer lo mejor que pude." Si disfrutas demasiado de la atención, tal vez estás lidiando con la arrogancia. ¿Y qué importa eso? A quien no le gusta ser reconocido. Obvio, es genial recibir reconocimiento, pero si piensas que eres superior a los demás, vas a estar muy solo. La arrogancia dice: "Me lo merezco, adórame." Una persona arrogante no cree que tenga que contribuir al proyecto, la causa o la relación. La arrogancia te convencerá de que no necesitas a nadie. Si no das de ti mismo y siempre esperas recibir y que otros te sirvan, la gente se cansara de ti.

Mi Consejo de Madre:	Sirve a los demás y ellos a su vez te servirán.
Punto Clave:	Sé alguien digno de seguir. ¿Te seguirías a ti mismo?
Principio Fundamental:	"El rey se mantiene seguro en su trono cuando practica el amor y la verdad." (Proverbios 20:28 DHH)
Recursos Recomendados: (La mayoría disponible en Amazon)	• **Sobre tu identidad en Cristo:** *¿Quién soy yo?* de Mike Shreve (solo disponible en inglés) • **Sobre tu identidad en Cristo:** *Sonship* de World Harvest Mission (Esto fue revolucionario para mí) solo disponible en inglés • **Sobre amarte a ti mismo:** *Eres un chingón* de Jen Sincero • **Sobre vencer el miedo:** *Vivir sin miedo* de Rhonda Britten (disponible en español en Goodreads) • **Sobre liderazgo:** *El líder mentor* de Tony Dungy

Notas:

Capítulo 3

Ser un Hombre

Pregunta: ¿Qué significa ser un hombre?

¿Por qué ha de importarme? ¿Qué gano con esto?

Tener una visión clara de lo que significa ser un hombre te ayudará a vivir con éxito en todas las áreas de tu vida.

¿Por qué te digo esto?

No quiero que luches, ni te sientas confundido sobre lo que significa ser un hombre. Una vez que entiendas tu valor como persona, también es importante que comprendas tu valor como hombre. Tener este conocimiento te hará fuerte y firme, para que puedas enfrentar todo lo que se te presente.

El Trasfondo

John nunca se sintió como un hombre. Fue criado por un padre severo. Cada palabra que salía de la boca de su padre era desmoralizante. No compartían nada en común. El papa de

John le gustaba cazar y pescar. John era más feliz construyendo modelos de aviones. Soñaba con construir cosas. Quería ir a la universidad y convertirse en ingeniero. Pero su padre pensaba que todo lo que un hombre necesitaba era su músculo para ganarse la vida, no una educación.

Su padre era borracho y mujeriego. Lo más que John odiaba era cuando iba con su mamá a sacarlo de los bares. A menudo su padre se enfurecía y lo golpeaba. Con cada golpe, destrozaba los sueños y esperanzas de su hijo. Cualquier niño que haya tenido que soportar el dolor de ser rechazado, crece lleno de dolor. Aunque su padre estaba físicamente presente, John fue abandonado emocionalmente. John tuvo que encontrar su propio camino en la vida. Es complicado llegar a ser un hombre sin orientación ni apoyo. Es lamentable que tantos niños y jóvenes tengan que valerse por sí mismos. Las heridas son profundas y pueden tardar toda una vida en sanar. Para John la carga fue muy pesada.

A los 14 años, John consiguió su primer trabajo y, al darse cuenta de que podía ganarse la vida por su cuenta, se fue de casa y nunca miró hacia atrás. Eventualmente John se inscribió en la universidad. Por dos años se dedicó a sus estudios. De repente todo cambio cuando su novia le dijo que estaba embarazada. John abandonó los estudios y comenzó a trabajar para mantener a su familia. Se obsesionó con ganar dinero. Pensó que, si podía ganar mucho dinero y lograr vivir en los vecindarios elegantes de su ciudad, eso significaría que él tenía valor.

Para John su obsesión por el dinero fue trágica, ya que, cada vez que se quedaba sin dinero, se sentía como un fracaso. John se apresuraba a conseguir el dinero. Perseguía cosas que le hacían sentir que tenía valor como hombre. Quería mostrarle a su padre, que era capaz y que podía alcanzar mucho más de lo que su padre había alcanzado. Todo lo que hacía provenía de la desaprobación de su padre. Un padre que decía que un hombre usa su fuerza y no su cerebro. Eran padre e hijo y sin embargo eran como si fueran de diferentes planetas.

John necesitaba tomar una decisión. Todo hombre enfrenta esta decisión tarde o temprano. Un hombre puede elegir vivir en el dolor de su pasado o mirar con valentía su presente y disfrutar la vida que tiene hoy. Incluso cuando un hombre no tiene un padre terrenal, tiene un Padre celestial que puede guiarlo.

Hay momentos en que el hombre tiene que luchar por sí mismo, por su familia y por su futuro. Los hombres a menudo son falsamente convencidos de que no valen nada y que no lograrán nada; pero eso no es lo que Dios tenía pensado cuando te creó como hombre. Llega un momento en que debes dejar de pensar como un niño y entender que la única persona responsable de tu vida eres tú. Al asumir la responsabilidad de tus decisiones, inicias tu camino hacia la madurez.

¿Qué significa ser un hombre?

He reflexionado mucho sobre esta pregunta: ¿qué significa ser un hombre? Honestamente, no tenía idea de qué decirte. Soy una mujer, ¿qué sé yo sobre lo que significa ser un hombre? Muchos de los hombres que vi en mi juventud eran borrachos, infieles, abandonaban a sus hijos o golpeaban a sus esposas. Lo único que parecía que hacían era trabajar, si es que no eran perezosos. Ver este comportamiento me hacía pensar que tal vez el único rol del hombre era proveer. Para ser sincera, creo que algunos hombres aún creen que ese es su único trabajo.

Decidí investigar este tema. Me encontré con un gran libro del Dr. Myles Munroe llamado Entendiendo el propósito y el poder del hombre. Este libro fue una revelación. Comprendí que el hombre fue diseñado no solo para ser el proveedor y protector, sino también para ser el visionario, líder y guía de su hogar.

Jamás había oído algo así. No solo era nuevo para mí, sino que también comprendí que muchos hombres nunca lo habían escuchado tampoco. Fue como si se me abrieran los ojos al verdadero valor de un hombre. Entendí que, si los hombres realmente descubrieran el propósito para el que fueron diseñados, podrían transformar el mundo de formas positivas y profundas. El Dr. Munroe explicó que los roles de los hombres han cambiado. ¿Es un hombre aquel que cumple con el rol tradicional de proveedor? ¿O es un hombre aquel que comparte las responsabilidades del hogar y de los hijos mientras ambos cónyuges trabajan? ¿O es un hombre aquel que ha dejado completamente atrás los estereotipos masculinos y ha decidido ser quien cuida a los hijos mientras la esposa trabaja?

Los roles han cambiado para los hombres. El problema es que, si un hombre define quién es según el rol que desempeña, ¿qué sucede cuando esos roles cambian? ¿Cómo sabe un hombre quién es especialmente cuando hay tantas expectativas diferentes? Este tipo de mensajes contradictorios pueden ser desalentadores y confusos.

¿Por qué?

El Dr. Munroe afirmó que los hombres "necesitan pensar en términos de propósito en lugar de roles. La razón por la cual los hombres tienen problemas hoy en día es porque han estado basando su valor en algo equivocado. Los roles nunca han sido la verdadera base de la identidad. Los roles pueden ser útiles o dañinos, pero, en última instancia, solo reflejan la cultura y la tradición. Lo que los hombres realmente necesitan descubrir es su propósito fundamental, que trasciende la cultura y la tradición".

"Munroe, Myles. "Que es un verdadero hombre? Entendiendo el propósito y el poder del hombre, 2018, p 36.

Los hombres fueron creados por Dios para vivir una vida de propósito, no para desempeñar un rol.

Albert Einstein dijo una vez que **"el valor de un hombre debería verse en lo que da y no en lo que es capaz de recibir".**

"Albert Einstein Quotes." Quotes.net. STANDS4 LLC, 2021. Web. 27 Feb. 2021. https://www.quotes.net/quote/39860.

¿Será que el propósito de un hombre es dar para mejorar al mundo? Y, como hombre, ¿cuáles son las cosas que tiene para dar?

Un hombre puede comenzar dando de sí mismo. El Dr. Munroe

dice que la principal prioridad de un hombre es ser el cimiento de su familia. Un hombre puede proteger y proveer. Pero también puede ser un visionario, un líder y un guía. Veamos más de cerca estas cualidades.

El Hombre como Proveedor y Protector

Dios le dio al hombre trabajo porque este revela su potencial. Si no se le exige nada a tu potencial, ¿cómo puedes demostrar de qué estás hecho? ¿Cómo puedes prepararte para cumplir el propósito que Dios ha puesto en tu vida? Dios le dio al hombre trabajo porque está relacionado con su propósito. Su propósito es permanecer en la presencia de Dios y aprender a administrar lo que Dios le ha dado para hacer.

La palabra "proveer" proviene del latín, que significa "ver por adelantado," o en otras palabras, tener visión y guiar a quienes están bajo su cuidado. En la cultura estadounidense, cuando un hombre decide casarse, es costumbre, darle a su esposa su apellido. El significado de esto es que él se hace responsable de ella. Si le pides matrimonio a una mujer, ella te preguntará: "¿Puedes sostenerme?". Aquí no me refiero solo al dinero. Estoy hablando de confort, estímulo intelectual, protección y seguridad. Ser el proveedor significa que el hombre está preparado para asumir la tarea de proveer todas estas cosas a su familia.

Como hombre, se te ha dado fuerza física, pensamiento lógico, un sentido de protección territorial y un impulso para sobresalir. Gracias a estas cualidades, eres capaz de proteger. Dios te ha hecho física y psicológicamente capaz de cumplir con tu responsabilidad. Tienes el coraje necesario para proteger. Está en tu ADN como hombre enfrentar los desafíos de ser hombre.

El Hombre como la Base de la Familia

La prioridad de un hombre es ser la base de la familia. ¿No es cierto que cuando hay un buen padre en el hogar, toda la familia es más fuerte? Si el hombre es débil, si tiene grietas en su fundamento, el resto de la familia también será débil. Un hombre necesita invertir su tiempo en saber primero quién es en Cristo. Recuerdo haber leído en el libro de Myles Munroe Entendiendo el Propósito y el Poder del Hombre que un hombre necesita saber que es amado por Dios, que es valioso y está apartado para hacer grandes cosas. ¡Guau! ¿De veras? Me pregunte, ¿Había visto eso en alguien que conocía? Solo me vino a la mente un hombre: mi tío. Y estaba agradecida de haber visto al menos un ejemplo. Me puse a pensar porque mi tío era tan diferente. Había en él una cualidad que lo distinguía de los demás. Con el tiempo comprendí que su diferencia radicaba en el orden de sus prioridades: Dios ocupaba el primer lugar en su vida, seguido por su esposa y luego sus hijos. Ese orden revelaba la profundidad de su carácter y la intención con la que vivía.

Mi tío siempre trató a su esposa con respeto. Se sacrificaba por su familia sin importar lo que le costara. Siempre estaba presente y disponible para sus hijos, y lideraba con el ejemplo. Entonces, ¿por qué parecía que todos los demás a mi alrededor estaban tan quebrantados? Creo que es porque los hombres han perdido su camino. Cuando un hombre se percibe a sí mismo como pequeño e insignificante, le resulta difícil elevarse hasta convertirse en la persona que está llamado a ser. Por eso, es tan importante valorarte a ti mismo. No puedes ofrecer a otros lo que aún no has cultivado en ti mismo. Tu primera responsabilidad es ser fuerte, aprender a amarte y reconocer tu propio valor. Solo cuando estas verdades están firmemente arraigadas en tu interior, puedes vivir plenamente cada dimensión de lo que significa ser un hombre.

¿Por qué?

Si permites que los estándares superficiales del mundo definan tu valor, siempre te sentirás insatisfecho contigo mismo. Sin embargo, si juzgas tu progreso según el cumplimiento de tu propósito, sabrás que vas por el camino correcto. Dios es la fuente de la fuerza, sabiduría y esperanza de un hombre. Cuando estás equipado con estas armas, eres capaz de prosperar.

Ya te veo mirándome con fastidio. Dale con Dios. Siempre este tema de Dios. Así que, pongámoslo a un lado por el momento. Piensa en tu propia vida. Piensa en tu relación con tu propio padre. ¿Eres más fuerte con él, que sin él? ¿Y si él fuera el tipo de hombre que te enseñara y te guiara? ¿Cómo crees que sería tu vida? ¿Y si recibieras orientación en lugar de tener que manejarlo todo por tu cuenta? ¿Podría ser un poco más ligera tu carga? ¿Cómo sería esto para ti?

¿Hay otros hombres en tu vida además de tu padre a quienes admiras? ¿Cómo han influido en tu vida? ¿Fue tu abuelo quien te enseñó a reír? ¿Fue tu tío quien te enseñó a enfocarte? ¿Fue un amigo quien te enseñó a soñar? Si has tenido la suerte de que un hombre te haya ayudado a moldear tu vida, sabes exactamente lo que ha significado para ti. El tema es que, cuando te pones en la posición de recibir sabiduría de otros, te conviertes en un hombre más fuerte.

El Hombre como Visionario, Líder y Guía

> *La presencia y el compromiso de un hombre pueden marcar la diferencia en el mundo, impactando a su hijo, su familia y su comunidad.*

Puede que no te sientas como un líder o un visionario, pero es exactamente lo que Dios se propuso cuando fuiste creado. Es sumamente importante que te conozcas a ti mismo. Aún más importante es saber quién eres para Dios. Al comunicarte con tu Creador, recibirás revelación y sabiduría sobre cómo vivir tu vida. Dios creó al hombre primero y le dio la responsabilidad de todo. Dios confió al hombre sus propósitos. Si te ves desde Su perspectiva en lugar de la tuya, comenzarás a entender tu propósito con más claridad.

A medida que ganes confianza en ti mismo y en tu propósito, podrás comenzar a ser la fundación de tu familia. Y a medida que cada hombre acepte este desafío, la sociedad en su conjunto se fortalece. Mientras que el hombre sea despojado de lo que está destinado a ser, todos sufren. Las esposas no tendrán esposos a quienes acudir, y los hijos no tendrán padres que sean su guía.

¿Por qué?

Por eso es tan importante que conozcas estas cosas para que no pierdas tu camino.

¿Por qué te digo esto? Porque quiero que seas un hombre íntegro. Que seas el hombre que eres destinado a ser. La presencia y el compromiso de un hombre pueden marcar la diferencia en el mundo, impactando a su hijo, su familia y su comunidad. Tu hombría tiene valor, celébrala y no permitas que nadie te la arrebate.

Todo este tema de ser un hombre puede sentirse abrumador, ¿cierto? Solo leer estas páginas ya puede ser agotador. Te entiendo, es mucha información para asimilar. Pero no es algo imposible para ti. Tienes todo lo necesario para convertirte en quien fuiste destinado a ser.

Uno de mis poemas favoritos es "If," traducido "Si" de Rudyard Kipling. Seguro que estás pensando: "¿en serio, eso?" Dame un momento, ten paciencia conmigo no descartes lo que te quiero decir. Sé que es un poema viejo que quizás no conoces y que probablemente no te interese. Lo comprendo. Pero no lo mencionaría si no fuera relevante. ¿Por qué lo considero relevante? Porque ofrece consejos valiosos. También expresa verdades, y siempre hay libertad en la verdad.

Dice...

SI

Si puedes conservar la razón cuando todos a tu alrededor
la están perdiendo y te están echando la culpa;
Si puedes creer en ti mismo cuando todos dudan de ti,
pero también les consientes que tengan sus dudas;
Si puedes esperar, sin cansarte de esperar;
O, cuando dicen mentiras de ti, no respondes con mentiras;
O, siendo odiado, no les das lugar al odio;
Y no te las das de demasiado bueno ni de demasiado sabio:

Si puedes soñar sin hacer de tus sueños un amo;
Si puedes pensar sin hacer de tus pensamientos el objetivo;
Si puedes encontrarte con el Triunfo y el Desastre,
y tratar con esos dos impostores de la misma forma.
Si puedes soportar cuando la verdad que has hablado,
ha sido retorcida por villanos para construir una trampa para tontos;
o cuando ves destrozadas todas las cosas por las que has dado la
vida, y te inclinas y las reconstruyes con herramientas desgastadas:
Si puedes hacer un montón de todas tus ganancias
arriesgarlo en una jugada de azar
y perder, y empezar de nuevo desde el principio
y nunca decir una sola palabra sobre tu pérdida;

¿Por qué?

Si puedes forzar tu corazón, tus nervios y tendones,
a que te sirvan aún después de que estén agotados,
y así aguantar cuando ya no te queda nada
excepto la Voluntad, que les dice: "¡Aguanta!"

Si puedes hablar con la multitud y conservar tu virtud,
o caminar con Reyes, sin perder tu toque común;
Si ni enemigos, ni amigos pueden herirte;
Si todos los hombres cuentan contigo, pero ninguno demasiado;
si puedes llenar el minuto implacable,
con sesenta segundos de distancia recorrida;
Tuya es la Tierra y todo lo que hay en ella,
y, lo que, es más - ¡Serás un hombre, hijo mío!

— Rudyard Kipling (1865 – 1936)

Kipling habla de cualidades que transcienden el tiempo. Dice lo que tantas madres anhelan para sus hijos. Dice lo que tantas esposas desean en sus maridos. Dice lo que tantos padres quieren dejar como legado a sus hijos.

El poema de Kipling parece ser una meta elevada para cualquier hombre. Pero es algo por lo que vale la pena esforzarse. Mientras te entregues plenamente a ser la mejor versión de ti mismo, eso será todo que cualquiera pueda esperar de ti.

La realidad es que tienes el autocontrol para no perder la cabeza. Tienes el valor para no dudar de ti mismo. Tienes la paciencia para esperar cuando parece que la espera nunca terminará. Tienes la fuerza para no caer en mentiras y odio, o en las trampas que conducen a la amargura. Tienes la sabiduría para tener un sentido de ti mismo sin permitir que las cosas se desbalanceen. Tienes la perseverancia para nunca rendirte. No dejes que nadie te convenza de que no tienes lo necesario para ser este tipo de hombre. Estás perfectamente capacitado para serlo.

Optimizadores de vida:

1. **Se fiel a ti mismo, procura ser autentico**
2. **Acepta quién eres.** Solo tú puedes ser tú, así que hazlo con excelencia.
3. **Defiende lo que es correcto,** incluso si todo el mundo está haciendo lo incorrecto.
4. **Vive tu propia vida,** no la vida que todos esperan que vivas.

Destructores de vida:

1. **Escuchar las críticas de los demás.**
   No te preocupes por lo que los demás opinen. Sé dueño de tu camino.

2. **Perder el enfoque.**
   Mira siempre hacia adelante, no te distraigas. Estás destinado a volar alto como las águilas, no a rascar el suelo como las gallinas.

3. **Desviaciones.**
   No permitas que influencias negativas, situaciones adversas o cosas insignificantes te desvíen de tu camino.

4. **El desánimo.**
   El desánimo te mantiene viviendo por debajo de tu potencial. Es un espíritu limitante. Te hará conformarte con tu situación actual. La idea de cambiar, progresar o llevar una vida distinta ni siquiera te pasará por la cabeza. El desánimo te hace aceptar cualquier excusa: "No puedo porque soy pobre; porque soy demasiado joven, porque tengo una discapacidad; porque nunca tuve un hogar estable; porque mis padres se divorciaron; porque mi padre nunca me animó; porque mi madre era una loca; porque fui abusado." ¿Te das cuenta?

Puedes dar la excusa que quieras, pero lo cierto es que el resultado será quedarte estancado. Es conformarte con una existencia mediocre que no es tu destino.

5. Ser una víctima.

Libérate de esa mentalidad de víctima. No malgastes tu vida lamentándote por lo que te hicieron. La mentalidad de víctima reduce a la persona a un único rol: el de víctima, y esa prisión la construyes tú mismo. Te ofrece una imagen disminuida y distorsionada de ti mismo, que limita tu crecimiento. A menudo, te quedas atrapado dando vueltas a palabras dichas en un momento de ira, mientras quien las pronunció ni siquiera las recuerda. Esas palabras, olvidadas por otros, son atesoradas y revividas por la víctima durante años. ¿Quién está entonces verdaderamente cautivo? ¿Quién vive en la esclavitud de su propia mente? Cuando quienes debían ser tu familia o amigos te hieren, puede parecer que ya no hay esperanza de bondad en los demás. A menudo son justamente aquellos que deberían ser más allegados los que infligen las heridas más profundas. En la Biblia, está la historia de José, y en su vida, fueron sus propios hermanos los que lo trataron de la peor manera. Pero él se negó a adoptar una mentalidad de víctima. Decidió levantarse y llegar a la cima, sin importar las circunstancias. Al final, también perdonó. El rencor es una trampa para las víctimas. El único que se perjudica eres tú. No solo te sientes como víctima de los

> *Nadie puede hacerte sentir inferior sin tu consentimiento.*
>
> *—Eleanor Roosevelt*

demás, sino que también has aprendido a hacerlo contigo mismo. Lo haces al aislarte de los demás, al no abrirte a confiar en nadie, al alimentar el odio y los pensamientos negativos dentro de ti. ¿Quién está realmente torturando a quién? Mientras tanto, la persona que te lastimó ni siquiera tiene idea de lo que sucedió. Si esa persona no lo sabe, no puede asumir la responsabilidad por lo hecho. Y si lo sabe, tal vez, no está listo para asumir la responsabilidad por lo hecho debido a sus propios problemas o falta de madurez. Y ahí estás tú, dándote golpes contra la pared esperando una disculpa de una persona que no tiene ni idea de lo sucedido. Tu sigues viviendo la ofensa continuamente. ¿Qué sentido tiene eso? Sigue tu camino y encuentra la felicidad. Asume tu responsabilidad. Reflexiona sobre la palabra responsabilidad: significa tener la habilidad de responder. La forma en que respondas depende de ti. Eleanor Roosevelt dijo: "Nadie puede hacerte sentir inferior sin tu consentimiento". No le des a nadie el permiso de hacerte sentir inferior. Si lo haces, es porque tu autoestima está basada en lo que los demás piensan de ti, en lugar de estar basada en lo que tú piensas de ti mismo.

Mi Consejo de Madre:	Sé dueño de ti mismo y de tu destino.
Punto Clave:	Entiende lo que significa ser un verdadero hombre. Hay poder en ello.
Principio Fundamental:	"El Señor da la sabiduría; conocimiento e inteligencia brotan de sus labios" (Proverbios 2: 6 NVI)
 **Recursos Recomendados:** (La mayoría disponible en Amazon) 	• **Sobre ser un hombre:** El propósito y el poder del hombre por el Dr. Myles Munroe https://a.co/d/crLwxpd **Sobre ser un hombre:** Entendiendo la verdadera hombría por el Dr. Myles Munroe https://www.youtube.com/watch?v=vm4OwvgeujY (solo disponible en inglés) • **Sobre ser un hombre:** Salvaje de Corazón por John Eldredge **Sobre ser un hombre:** He-Motions por el Obispo T.D. Jakes (solo disponible en inglés) https://a.co/d/78NHflC

¿Por qué?

Notas:

CAPÍTULO 4

¿Qué es el amor?

Pregunta: ¿Qué es el amor?

¿Por qué ha de importarme? ¿Qué gano con esto?

El amor es la más grande de las recompensas cuando se aprende tanto a ofrecerlo como a recibirlo.

¿Por qué te estoy diciendo esto?

Te lo digo porque anhelo que vivas una vida plena, colmada de amor y propósito. Más que nada, deseo que sepas—en lo más profundo de tu ser—que eres amado. Que tu vida tiene un valor inmenso. La necesidad más profunda del ser humano es sentirse amado y aceptado. Y hasta que no te ames y te aceptes tal como eres, hallar el amor verdadero y la paz interior será un camino difícil. Cuando vives con compasión y amor, te vuelves capaz de ofrecer amor genuino… y también de recibirlo.

El Trasfondo

He conocido el tormento de sentir que no importas, de vivir como si fueras invisible para todos. Pasé una gran parte de mi vida allí. Hui del dolor. Traté de evadirlo, pero al final, siempre me alcanzaba. Tardé años para encontrar el camino de vuelta a la vida.

Mi padre biológico nunca formó parte de mi vida. No luchó por mantenerme en su vida. Nunca me hizo una prioridad. Me sentí insignificante. Me sentí rechazada. Un pensamiento seguía repitiéndose en mi cabeza. "Si no eres importante para tu propia sangre, ¿cómo esperas ser importante para los demás?"

Razoné que, si me convertía en alguien importante, como una periodista de televisión, mi padre finalmente se daría cuenta de lo especial que era y querría formar parte de mi vida. Que al fin se daría cuenta de lo que había perdido. Pensé que al final me amaría. Yo seguía tratando de llenar lo que me faltaba por dentro con logros externos. El problema con este enfoque era que siempre sentía la necesidad de tener más, hacer más, conseguir más y lograr más para sentirme completa, pero al final, me sentía vacía.

Nací en un pueblo muy pequeño en Puerto Rico. Mi madre trabajaba en la oficina del alcalde. Mi abuelo era conocido por casi todo el mundo en nuestra comunidad. Dicen que cuando vives en un pueblo pequeño, vives en un gran infierno. Puedo decirte que en mi caso, esto fue cierto. Comentaban que fui producto de una violación. Mi padre había puesto algo en la bebida de mi madre y se había aprovechado de ella. Mi madre se quedó embarazada y yo era un constante recordatorio de esa violación.

Crecí sintiendo que nadie me quería. Mi madre pensaba que los niños debían estar callados, que no tenían derecho a hablar. Cada vez que le preguntaba algo sobre el pasado, sobre mi padre, me mandaba a callar. Me decía que no fuera *impertinente.* Impertinente, qué palabra tan contundente. Significaba que era irrespetuosa, grosera, inapropiada e irrelevante. Me decía que me fuera a jugar y dejara de hacer tantas preguntas. Me silenció. Desde ese momento me volví invisible.

Cuando tenía dieciséis años, le pregunté a mi abuela sobre las circunstancias de mi nacimiento. Ella repitió la misma historia espantosa. Pensé que ella lo sabría. Después de todo, era su hija y habría estado allí en ese momento para saber exactamente qué pasó. Nunca se me ocurrió que mi mamá y mi tía le hubieran mentido a mi abuela. Nunca se me ocurrió que ella no supiera todo lo que estaba sucediendo con su hija. Mi abuela tenía diez y siete hijos, debía haber adivinado que no era posible que ella supiera todo lo que estaba pasando en sus vidas.

Lo extraño era que en los veranos cuando estaba de vacaciones mi mamá insistía que fuera a visitar al hombre que la había violado porque era mi padre biológico. Cada vez que él se me acercaba me daba ganas de vomitar. Corría al baño a esconderme. Como estaba supuesta a amar alguien que había violado a mi madre.

Las cosas no encajaban, pero aún no podía entenderlas; después de todo, solo era una niña. Viví oculta tras una fachada de perfección, temerosa de mostrarme tal como era, porque sentía vergüenza de mi propia historia. Razonaba que, si era el retrato del éxito y la perfección, la gente me querría y me aceptaría. Siempre sentí que debía hacer más, ser más, para merecer amor.

No fue hasta que tenía alrededor de 30 años que finalmente supe la verdad. Y el que me dijo la verdad fue el supuesto violador. Por años lo habían pintado como el malo. ¿No es irónico que la única persona que me dijo la verdad fuera la que menos esperaba?"

Mi madre se involucró con un joven que tenía el don de la palabra. Era encantador, con el cabello oscuro y los ojos azules. Su magnetismo fue lo que la conquistó. Este seductor no la forzó; simplemente la arrastró hacia una relación intensa y apasionada. Yo no fui el resultado de una violación, sino de una pasión. Qué distinta habría sido mi forma de ver la vida... si tan solo lo hubiera sabido desde el principio. ¿Porque inventarse una historia de violación? Bueno, después de todo, mi mamá era la hija de un ciudadano respetable que había fundado una escuela, mi abuelo era bien conocido en la comunidad y ella trabajaba en la oficina del alcalde. Tenía que guardar las apariencias. Así que su querida hermana, que creía poder controlarlo todo, tuvo la idea de inventar la historia de la violación. Sé que estaba pensando en su hermana, pero nadie pensó en el daño que eso me podía causarme. Supongo que debería haberle preguntado a mi abuelo en lugar de a mi abuela. Él no se creyó esa historia. Echó a mi mamá de la casa y le dijo que no volviera nunca más. Una de mis otras tías, tenía su propia casa, y nos acogió. Recuerdo que era una casa de madera sencilla con un par de cuartos, pero ese fue nuestro hogar por un tiempo.

Cuando terminé el jardín de infantes, ya habíamos salido de Puerto Rico y vivíamos en Nueva York, con mi tía, la que se había inventado el cuento de la violación. Vivíamos en los proyectos de vivienda del alto Manhattan entre la Avenida Amsterdam y la calle 100. Lo único bueno de eso era que vivíamos en el piso 20, que nos mantenía alejadas del caos de la calle. Sin embargo, la violencia dentro de nuestro hogar superaba la que había en las calles, por lo que, al final, daba lo mismo. Recuerdo un día en particular, cuando los gritos resonaban con tal intensidad que quise ver lo que estaba pasando. Al asomarme, encontré a mi tía siendo golpeada por su esposo. Mi madre, en un intento desesperado por detenerlo, intervino, pero él, también la golpeó. Al ver esto, me acerqué y, con la ingenuidad de un niño, le pedí: "No le pegues a mi mamá", como si mis palabras tuvieran algún poder sobre su furia. En lugar de parar, él me empujó con tal fuerza que caí contra la pared y me golpeé la cabeza. No recuerdo bien lo que sucedió después. Solo sé que, vi a mi tía siendo llevada en una ambulancia al hospital.

Mi mamá fue con ella y yo me quedé en el apartamento con

mis primos mayores. Cuatro niños solos mientras mi tía recibía atención médica. Antes de cumplir seis años, todo lo que sabía era que los hombres violaban, abandonaban y golpeaban a las mujeres. Tal vez no lo sabía tan claramente como lo expreso ahora, pero de alguna manera ese fue el mensaje que quedó. En medio del caos mi corazón de niña lamentaba no tener un padre que me protegiera.

Pasé gran parte de mi juventud tratando de superar las heridas que sentía en lo más profundo de mí. Me sentía invisible. Me sentía insignificante. Vaya, cómo me afectó eso. Las personas que me conocían nunca dirían que yo era así. Se me conocía por perseguir mis sueños, ser divertida, vivir al máximo, ser aventurera, y, aun así, mantenerme en control. Los muchachos me decían a menudo que yo era demasiado para ellos. Que era demasiado inteligente para ellos. De alguna manera, se sentían intimidados por mí. Dentro de mí, yo pensaba: *¿por qué debería cambiar mi forma de ser solo porque ellos no pueden lidiar con alguien como yo?* Pensaba que deberían amarme tal como soy, pero eso parecía estar fuera de mi alcance.

Tuve la dicha de tener un gran padrastro —o mejor dicho, un verdadero papá. Siempre ha estado a mi lado, paciente y lleno de amor. Es una bendición inmensa en mi vida. Sin embargo, durante gran parte de mi juventud no lo veía de esa manera. Estaba tan herida por la ausencia y el rechazo de mi padre biológico, que no alcanzaba a valorar lo que tenía frente a mí. No comprendía el regalo que Dios me había dado al poner a mi papá en mi camino, ni la profunda misericordia que tuvo Dios conmigo al traerlo a mi vida.

Tuve que arrastrarme fuera de ese abismo. Intenté muchas cosas diferentes, pero simplemente no trajeron la sanación que había esperado. Traté de ignorarlo. De barrerlo bajo la alfombra. Aprendí desde temprano que, si no lo mirabas, no tenías que enfrentarlo. El problema con eso es que sigue allí. Traté de alejarme de mis sentimientos divirtiéndome, saliendo, entreteniéndome. Fiestas, bebiendo demasiado. Traté de ser el centro de atención. Traté de sacar mi vida del abismo con el éxito. Esforzándome al máximo para ser reconocida y aceptada. Nada de lo que intenté importaba, seguía sintiéndome vacía. Eventualmente me cansé del dolor. Era como cargar un montón de piedras en mi espalda. Honestamente, no sabía qué estaba buscando, pero sabía que ya no quería seguir sufriendo. ¿Acaso consideré a Dios? No. Ni siquiera fue un pensamiento. En un momento de soledad, pensé: *"¿Será que hay algo en ese libro que pueda servir me?" La gente sigue tratando de imponérmelo como si tuviera todas las respuestas. ¿Será que tienen razón?"* Fue algo gradual, como cuando mojas un dedo del pie en el agua de una piscina y entras despacio. No sé bien cómo ocurrió, pero cada vez que leía la palabra de Dios, sentía como si estuviera aplicando un ungüento sanador sobre una quemadura profunda. Mi vida comenzó a transformarse. El que ama mi alma fue quien me dio un sentido de autoestima que nunca había conocido antes. Poco a poco empecé a entender Su amor por mí y cómo Dios me ve. Cuando comencé a verme de esa manera, todo cambió. Puede parecer un sueño, pero mi deseo es que tú también hagas este maravilloso descubrimiento.

Ahora sé la importancia de tener un padre. Un padre terrenal y un Padre celestial. Nuestro Padre celestial llena los vacíos donde nuestros padres terrenales fallan.

Por eso te digo que ser un hombre íntegro es uno de los trabajos más importantes en este planeta. Nunca subestimes la importancia de simplemente estar ahí para tu familia.

¿Por qué?

Pregúntale a cualquier niña o niño que no tuvo un padre lo qué hubiera significado. Pregúntale a cualquier hombre sentado en una celda de prisión cómo tener un padre a seguir habría cambiado su vida."

¿Qué es el amor verdadero?

No importa el tipo de relación que sea, romántica, de amistad o familiar, hay una ternura, un calor inconfundible que te hace saber cuándo el amor es verdaderamente desinteresado. Es una sutil devoción que da sin llevar cuentas, la compasión que permanece incluso en los días difíciles y el deseo natural de animar a alguien simplemente porque te importa. Así es como el amor genuinamente desinteresado se hace notar, de manera silenciosa. Si alguna vez tienes dudas, usa esto como guía.

"El amor es paciente, es bondadoso.
El amor no es envidioso ni presumido ni orgulloso.
No se comporta con rudeza, no es egoísta, no se enoja
fácilmente, no guarda rencor. El amor no se deleita en la
maldad, sino que se regocija con la verdad.
Todo lo disculpa, todo lo cree, todo lo espera, todo lo soporta.
El amor jamás se extingue. "

(1 Corintios 13:4-8 NVI)

Mide tus relaciones con esta guía. Mas importante aún, atención a lo que las personas hacen, no a lo que dicen. Lo que hacen te dice más sobre sus corazones que cualquier otra cosa.

Presta atención a lo que las personas hacen, no a lo que dicen.

"Nadie tiene amor más grande que el que da la vida por sus amigos." (John 15:13 NIV)

El amor verdadero se trata más de dar que de recibir. El amor, en su esencia más pura, es un acto de sacrificio.

Es un amor que proviene de Dios, nacido de Su Espíritu. Es el tipo de amor que da sin esperar nada a cambio. Es el amor que tiene paciencia, que siempre cree lo mejor en cada situación. Este amor distingue a los hombres de los niños, porque, en resumen, no es egoísta. Permite fracasos y errores, pero aun así perdura. Este amor es, sin duda, un regalo invaluable. Sin embargo, este es solo uno de los aspectos del amor. Junto con el amor sacrificado, debe existir también el amor apasionado. Es ese sentimiento de pasión que te invade y te impulsa a desear un acercamiento físico con alguien de tu interés. Una advertencia importante para notar aquí: el jugar con los sentimientos de amor para obtener placer sexual es egoísta e inmaduro. No confundas el amor apasionado con la lujuria sexual.

Si estas buscando solo lo que puedes ganar en lugar de lo que puedes dar, no es realmente amor.

Por último, no puede faltar el amor que nace de la amistad. En la amistad se comparten sueños, esperanzas, aventuras y risas. Es el espacio donde puedes ser tú mismo, sin máscaras, ni juicios, donde eres recibido con aceptación y ternura. Ahí encuentras un oído dispuesto a escucharte y un hombro en el que descansar cuando el alma pesa.

Si estas buscando solo lo que puedes ganar en lugar de lo que puedes dar, no es realmente amor.

En la verdadera amistad hay reciprocidad: se cuidan mutuamente, se muestran preferencia, se turnan para pagar y nunca se aprovechan el uno del otro. La amabilidad y la comprensión son constantes, no la excepción.

Para que una relación sea plena, se necesitan los tres tipos de amor: el amor sacrificado que se entrega sin medida, el amor pasional que enciende el alma, y el amor de la amistad que sostiene en los días comunes. Y aún hay algo más: el amor propio. Porque cuando tu corazón está lleno y te sientes bien contigo mismo, tienes mucho más que ofrecer. Dar amor desde la abundancia y no desde la carencia es la base de una relación sana y duradera.

Optimizadores de vida:

Comprendiendo la conexión entre el amor y el poder

El amor es una palabra corta pero cargada de una profundidad inmensa. El poder del amor no tiene límites. Todas tus aspiraciones dependen del amor. El amor es lo que sostiene todo lo demás en tu vida. Un matrimonio no puede perdurar sin él, ni una familia mantenerse unida. Una carrera difícilmente prospera si no hay pasión por lo que se hace. Y ningún ministerio puede florecer si no nace de un corazón lleno de amor por las personas.

Es el amor lo que da sentido, lo que impulsa, lo que sostiene. Sin él, lo demás pierde fuerza y dirección. Durante mucho tiempo, el amor se ha reducido a un solo día al año, marcado por cajas de chocolates en forma de corazón y ramos de flores envueltos en papel brillante. Pero la verdad es que el amor va mucho más allá de gestos simbólicos o celebraciones pasajeras. El amor verdadero es profundo, constante y significativo; no se mide en regalos, sino en presencia, entrega y compromiso diario. La verdad es que el amor es mucho más significativo. El amor es una fuerza poderosa. Se necesita valentía para amar. Se requiere determinación para amar. Se necesita coraje para amar.

El amor es la potencia poderosa que une a la humanidad. Nos une como esposos, como familia, como compañeros de trabajo, y siempre que nos unimos por una causa en común. Es importante que entiendas el amor de Dios por ti. Te dará un mayor amor por ti mismo. Tu tanque debe estar lleno. Es imposible dar algo de ti mismo si te sientes vacío por dentro y emocionalmente arruinado.

Si entiendes el amor, te pones en una posición de poder. Si no tienes nada en contra de nadie y si nadie puede hacerte sentir inferior, entonces estás libre de las manipulaciones de los demás. Todo lo que queda es la capacidad de amar a los demás. Vivir el amor de esta manera es la verdadera libertad. El amor es el soporte sobre el cual se cuelga todo lo demás. Sin amor, la plenitud en tu vida será difícil de alcanzar.

Cualquier cosa que hagas impulsada por el amor te permitirá tener éxito. Si te esfuerzas por ser un hombre de excelencia, ten la seguridad de que serás desafiado en cada paso del camino y te enfrentarás con la tentación de conformarte con la mediocridad. Pero no te detengas ahí.

Hay algo que puedes tener por cierto: ya posees dentro de ti todo lo necesario para triunfar como un hombre íntegro. Dios nunca te pedirá que cumplas una misión sin haberte preparado antes. Estás plenamente equipado, porque Su amor ha sido derramado en ti. Ese amor es tu fuerza, tu guía y tu mayor recurso.

El Perdón

Es extremadamente difícil perdonar sin amor. El perdón es un regalo que te das a ti mismo. El perdón te saca de la prisión de la ira y el dolor. No significa que estés permitiendo que la otra persona se salga con la suya por haberte hecho daño. Significa que estás eligiendo no ser manipulado por lo que él o ella hizo. En este mundo tendrás muchas oportunidades de sentirte ofendido. Además de ya estar herido, mantener el rencor solo mantiene el dolor dando vueltas dentro de ti, a veces durante años, a veces toda la vida. Tu vida es valiosa. No permitas que alguien te la robe poco a poco al mantener el rencor. No sigas siendo una víctima, esa no es una posición de poder. No te quedes atrapado.

Asegúrate de que tu perdón sea dado libremente. No debe ser condicional. Si dices 'perdonaré cuando me pidan disculpas', entonces no estás perdonando. Tal vez nunca recibas la disculpa que esperas. No esperes por ella. Esperar solo aumentará tu ira.

Perdonar es una de las acciones más desafiantes, pero también una de las más liberadoras. Es el sendero hacia la verdadera libertad. Aprendí a la mala que no perdonar atrapa a la persona que guarda el resentimiento. El que no perdona es el que termina con el dolor, la rabia y la úlcera.

Pide ayuda a Dios. Él es nuestra fuente de poder, fuerza y victoria en todas las áreas de nuestra vida.

¿Cómo llegas al perdón? Examina tu corazón. ¿A quién odias? ¿Estoy enojado con mis padres? ¿Con mi cónyuge? ¿Con mis hijos? ¿Con mi mejor amigo? ¿Con un rival de la secundaria? ¿Cuántos años seguirás cargando el rencor? A veces las personas que te lastiman ni siquiera lo saben. A veces ni siquiera les importa o recuerdan lo que pasó.

Ponte en lugar de la otra persona. Pregúntate: ¿Qué dolor lleva mi enemigo? ¿Qué motiva a esta persona a estar tan triste, tan enojada? ¿He sido yo, quien ha causado ese dolor? Cuando haces estas preguntas, encuentras compasión por la otra persona y el camino hacia el perdón. Toma en cuenta que el perdón va en ambas direcciones. Pide perdón por cualquier daño que tu hayas causado ya sea a propósito o sin querer. Pide ayuda a Dios. Él es nuestra fuente de poder, fuerza y victoria en todas las áreas de nuestra vida. Acepta el desafío de perdonar y da tus primeros pasos hacia la libertad.

La Paciencia

La mayoría de las personas creen que la paciencia se trata solo de esperar. En realidad, la paciencia es la capacidad de mantenerte firme sin importar las adversidades que enfrentes. Es la búsqueda constante y continua de tu objetivo. La forma en que actúas mientras esperas es crucial. Ser paciente no solo es esperar, sino hacerlo con una actitud positiva. La paciencia puede ser difícil de cultivar, pero algo que he aprendido es que la paciencia se desarrolla con el tiempo. La paciencia es como un músculo: cuanto más la practicas, más fuerte te vuelves. No aparecerá de inmediato; se logra con práctica constante, una y otra vez. Cuanta más adversidad enfrentes, más fácil será superarla. Te haces más fuerte con la constancia; ya no dejarás que las personas te afecten. La paciencia te lleva a una mayor libertad.

Destructores de vida:

El Miedo

Fundamentalmente, el miedo, te impedirá hacer lo que siempre estuviste destinado a hacer. El miedo te llevará a una vida que nunca fuiste destinado a vivir. El miedo es lo opuesto a la fe. Hay bien y mal, luz y oscuridad. El miedo es oscuridad. El miedo te llevará por el camino de la destrucción. La fe te llevará por el camino de la victoria. Eres tú quien eliges. Has sido creado a imagen de Dios. Fuiste creado para ser un reflejo del poder, el amor y la mente de Dios. El miedo no es más que el pensamiento de que las cosas saldrán mal en lugar de bien. Es fácil convencerte de cualquier cosa. Por eso es importante alimentar tu mente con cosas positivas. ¿Qué significa esto en términos prácticos? Significa que debes escuchar podcasts positivos como, The Good Life Project. Escucha Ted Talks en español. Lee buenos libros como Sopa de Pollo para el alma de Jack Canfield. Rodéate de personas que te inspiren y no te limiten. Guarda en tu boca palabras que te transformen y te impulsen hacia una actitud positiva de 'sí puedo', en lugar de una actitud derrotista. Las personas exitosas te dirían que el éxito comienza en la mente. El fracaso ocurre mucho antes de que algo llegue a su final. De la misma manera, el ganar sucede mucho antes de que termines la carrera.

Nunca cedas al miedo. Nunca tomes decisiones basadas en el miedo. No dejes que las heridas del pasado te arrastren al miedo.

"Pues Dios no nos ha dado un espíritu de timidez, sino de poder, de amor y de dominio propio."

(2 Timoteo 1:7 NVI)

No construyas una vida ni un estilo de vida basados en el miedo. El miedo es autogenerado, si temes llegaras a la destrucción. Aléjate del miedo y avanza con confianza. No necesitas temer, pues Dios promete estar contigo en todo momento.

"estaré contigo; no te dejaré ni te abandonaré" (Josué 1: 5 NVI)

El miedo es la emoción más inútil de todas. Una vida llena de miedo es una vida en esclavitud.

El miedo es como un acosador que siempre te empuja, diciéndote qué hacer. Cuando te encuentres allí, detente. Respira. Piensa en las cosas por las que estás agradecido. Di afirmaciones positivas sobre tu vida: Soy capaz. Soy valiente. Soy digno. Soy creativo. Soy talentoso. Soy valioso. Soy significativo. Soy aceptado. No soy promedio, ni mediocre. Soy todo lo que fui creado para ser. Tómate un momento para cambiar tu forma de pensar. Rompe el ciclo de pensamientos negativos. Da un paso. Haz algo diferente. Haz lo que puedas, pero no te quedes atrapado en tu mente. Una vida sin miedo es una vida de libertad. Elige ser libre. Vive tus días en libertad.

Parece tal vez un poco simplista decir "elige ser libre". Sé que no siempre será tan sencillo como eso, pero también sé que tiene que ser tan simple como eso. Habrá momentos en los que lucharás. Habrá momentos en los que te sentirás atrapado y sentirás que no hay salida. Habrá momentos en los que sabrás lo que deberías elegir y, aun así, te sentirás paralizado. En esos momentos, debes sacar fuerzas y pedirle a Dios que te dé pies para caminar y alas para volar. En nuestro propio poder, podemos quedarnos estancados indefinidamente.

"En el amor no hay temor, sino que el perfecto amor echa fuera el temor. El que teme espera el castigo, así que el que teme no ha sido perfeccionado en el amor."

(1 Juan 4:18 NVI)

Tal vez digas: *"Yo puedo salirme de esta, no necesito a Dios"*. Cuando digas esas palabras, será cuando más lo necesites. Si huyes de Dios, pronto volverás a sentirte perdido y destrozado. Cuando corres hacia Dios, cuando corres hacia el amor perfecto, Él te protegerá y guiará. Tendrás que elegir entre hundirte o nadar; entre vivir en esclavitud o ser libre. La libertad es un regalo magnífico de la vida.

La Ira

La ira no es más que el miedo disfrazado de ira. Sorprendente, ¿verdad? La ira puede manifestarse de diversas formas, como el deseo de corregir una injusticia, o luchar por lo que consideramos ser justo. También puede parecer algo noble, pero eso es solo una ilusión. En realidad, es únicamente miedo. Miedo a ser herido. Miedo al rechazo. Miedo a ser utilizado. Miedo a las mentiras. Miedo a ser acusado injustamente. Miedo a vivir desesperado. Miedo a la escasez. Miedo al abandono. Miedo al estancamiento. Miedo a________ completa tú la frase. La ira es simplemente otra máscara del miedo. Porque en la ira te sientes justificado. Porque crees tener derecho a ella. Por eso es tan difícil erradicarla de tu vida. Sé extremadamente cauteloso y consciente. El discernimiento es el faro que ilumina el camino hacia la libertad.

La Inseguridad

La inseguridad es un veneno silencioso. Envenena tu vida y afecta profundamente a quienes te rodean, especialmente a aquellos más cercanos a ti. La inseguridad te lleva a conformarte con menos en todos los aspectos de tu vida, ya sea en tu trabajo, en tus pasatiempos, en tus amistades o en tu matrimonio. La inseguridad deja mucho que desear. No hay nada más cautivador que un hombre seguro de sí mismo. Tu confianza atraerá a quienes te rodean, deseosos de descubrir qué fuente alimenta esa seguridad tan fascinante.

Una de las claves más importantes para la confianza es el amor. Saber que eres amado te da seguridad. Cuando sabes que eres amado por tu Creador, todo cambia. Cuando te amas a ti mismo, posees una fuerza inquebrantable. No hay nada más poderoso que lo que crees sobre ti mismo. El amor propio saludable te permite vivir una vida plena y rica. El amor propio nace desde adentro. No depende de influencias externas. Comienza viéndote a ti mismo de la misma manera en que tu Creador te ve; esto cambiará por completo tu perspectiva. ¿Qué ve Él en ti? Él ve una obra maestra. Ve a alguien cuya existencia está maravillosamente entrelazada con el destino de la humanidad. Alguien con propósito y luz.

Aquí está la gran pregunta: ¿te sientes amado? Para muchos de nosotros, sentimos amor a través de lo que las personas hacen o dicen, y eso es algo esperado. Sin embargo, las personas expresan su amor de diferentes maneras. Es importante que entiendas que cada persona tiene su propio lenguaje del amor. Los lenguajes del amor se expresan en varias formas como son las palabras de afirmación, regalos, actos de servicio, tiempo de calidad y contacto físico. Este concepto está detallado en el libro Los Cinco Lenguajes del Amor de Gary Chapman. ¿Por qué menciono esto? La razón es que, a veces, una persona puede estar hablando en un lenguaje y tú en otro, y simplemente no entienden lo que el otro está diciendo. Tu lenguaje del amor puede ser palabras amables. Cuando alguien te habla de manera cariñosa, lo recibes como amor. Pero si esa persona te da un regalo y ese no es tu lenguaje, realmente no significa nada para ti. ¿Comprendes la idea? Lo único que quiero decir es que debes tener cuidado al interpretar ese lenguaje del amor. El amor puede expresarse a través de palabras, regalos, o al servir a los demás o simplemente pasando tiempo juntos. Lo que suele ocurrir es que las personas dan amor de la manera en que desean recibirlo. Solo sé consciente de esta dinámica. No me gustaría que sintieras que no eres amado y que eso afectara tu confianza, cuando la realidad es que la otra persona está hablando en un lenguaje que no entiendes. ¿Qué lenguaje del amor estás escuchando? ¿Es el que deseas que se hable? Algunas personas ni siquiera saben cómo expresar amor porque nunca lo han experimentado, o porque han levantado muros, o quizás no se aman a sí mismas. No te dejes atrapar por la inseguridad de otra persona. No lo hagas tuyo, porque arreglar esa inseguridad no te pertenece.

Mi Consejo de Madre:	Da y recibe amor con un corazón abierto. Perdona.
Punto Clave:	El amor es uno de los mayores regalos de la vida; no dejes que se te escape por miedo.
Principio Fundamental:	El amor durara para siempre [nunca se desvanece ni termina]. (1 Corintios 13: 8 NTV)
Recursos Recomendados: (La mayoría disponible en Amazon) 	• **Sobre cómo comunicar el amor:** Los cinco lenguajes del amor por Gary Chapman • **Sobre el perdón:** El poder del perdón por el Obispo TD Jakes • **Sobre vivir positivamente:** The Good Life Project (podcast solo disponible en inglés) https://www.goodlifeproject.com/podcast/ • **Sobre vivir positivamente:** Ojalá lo hubiera sabido antes (podcast solo disponible en inglés-I wish I knew this sooner de Mario Cisneros) • **Sobre temas positivos:** Ted en español https://www.ted.com/about/programs-initiatives/ted-en-espanol

¿Por qué?

Notas:

Capítulo 5

Ser un esposo y padre

Pregunta: ¿Cómo puedo ser un buen esposo y padre?

¿Por qué ha de importarme? ¿Qué gano con esto?

Tendrás paz y alegría cuando seas feliz como hombre, esposo y padre.

¿Por qué te estoy diciendo esto?

Harás cosas en tu vida que tendrán valor por un corto período de tiempo, pero ser un buen esposo y padre tiene valor no solo para ti, sino también para tus hijos y nietos. Es el mejor regalo que puedes darte a ti mismo y a tu familia.

El Trasfondo

James estaba derrotado. Por gran parte de su vida se sintió como un fracaso. Sus padres se habían divorciado. Vivió con su madre y extrañaba tener una figura masculina en su vida. Era un joven solitario. Tuvo que atravesar su adolescencia por su cuenta. Nadie le enseñó a afeitarse o a cambiar una llanta del auto. Guardaba rencor hacia su madre, convencido de que sus padres no habían luchado lo necesario para mantener su matrimonio. Estaba consumido por la frustración de cómo se habían desarrollado los acontecimientos. Sentía que su madre le había arrebatado a su padre, y esa herida emocional lo transformó en un ser solitario. Convencido de que, al mantenerse distante de los demás, evitaría sus críticas, pensó que, al no darles razones para quejarse, él no tendría que cargar con el peso de su autodesprecio. Optó por desconectarse de la vida misma, refugiándose en sus pasatiempos, sumergiéndose en su pequeño mundo, donde las sombras de la realidad parecían desvanecerse. Era el único lugar donde se sentía seguro, el único lugar donde se sentía especial. Era una manera de no sentir el dolor de no tener a su padre a su lado. Aunque James veía a su padre los fines de semana, simplemente no era suficiente ni lo mismo que tenerlo bajo el mismo techo. James pensó que si no esperaba mucho de la vida, no podría sentirse herido cuando fuera decepcionado. James cargó un vacío en su corazón durante muchos años. Le costaba abrirse a las personas. Cuando llegó a la universidad, conoció a una joven que lo hacía sentirse especial.

Ella era amorosa, amable y muy alentadora. Ella creía en él. Veía los muchos dones y talentos que él tenía. Ella veía cosas en él que ni siquiera él veía en sí mismo. James no pensaba que tuviera mucho que ofrecerle a nadie. Cada vez que James salía con su novia, Allison, él se retraía y quería irse de dondequiera que estuvieran. De alguna manera, él abandonaba a Allison de la misma forma en que sentía que había sido abandonado. Este comportamiento empezó a crear problemas entre ellos. James se ponía celoso cada vez que alguien le hablaba a Allison. Se sentía amenazado. En lo más profundo de su ser, sentía que le estaban robando el tiempo con ella. Debido a que nunca expresaba sus sentimientos con Allison, ella no podía entender su falta de confianza en ella. Los sentimientos no expresados condujeron a una mala comunicación y, finalmente, a una ruptura. La ruptura fue solo una prueba para James de que todos se van.

Entender el ser esposo

Idealmente, tanto el esposo como la esposa comparten la responsabilidad de construir y cuidar su matrimonio. Sin embargo, suele ser la mujer quien presta mayor atención a la salud de la relación. Aunque parezca sorprendente, la principal responsabilidad en el matrimonio recae sobre el hombre.

Es fundamental que un hombre comprenda a fondo cuál es su papel dentro del matrimonio. Hubo una época en la que ser "el hombre de la casa" realmente tenía un significado profundo: él era el protector, el guía de su hogar y el guardián del bienestar de su esposa e hijos.

Es instintivo para un hombre ser líder. Sin embargo, hay una diferencia entre ser líder y ser un tirano, y ahí es donde ha surgido mucho dolor en muchas familias. Un líder es justo; trabaja en paz y siempre busca el bienestar de todos aquellos a quienes ama. Ser el hombre de la casa conlleva una gran responsabilidad porque es el hombre quien debe actuar con sabiduría, honestidad, integridad, fidelidad y amor. La Biblia dice que un hombre debe hacer todo buen trabajo como si lo estuviera haciendo para Dios. Es una pregunta sencilla: ¿Trataría yo a Dios con falta de respeto? ¿Le gritaría a Dios? ¿Le exigiría a Dios? Si no harías eso con Dios, ¿por qué pensarías que está bien hacerlo con tu familia?

Un hombre se entrena para los negocios, para los deportes, pero rara vez se entrena para su familia. Jamás te lanzarías a correr una carrera sin haberte preparado primero, entonces, ¿por qué intentarías liderar a tu familia sin tener conocimiento de lo que tu esposa e hijos necesitan? Un hombre necesita obtener conocimiento sobre cómo liderar a su familia. En muchos casos, es la mujer quien toma la iniciativa de buscar formas de fortalecer el matrimonio. Por lo general, el hombre necesita ser animado para asistir a un seminario o buscar ayuda profesional. Sin embargo, es fundamental que él también se involucre plenamente, pues solo así podrá ofrecer lo mejor de sí mismo a su familia.

Todo ser humano tiene una necesidad inherente de sentirse aceptado, valorado, seguro y de vivir con un propósito. El hombre desempeña un papel esencial en garantizar que estas necesidades se vean satisfechas dentro de su familia. Sin embargo, si nunca has experimentado plenamente estas realidades en tu propia vida, es aún más importante que primero reflexiones y comprendas tu propia situación antes de intentar guiar a los demás.

¿Cómo? ¿Qué significa eso en la práctica? Es fundamental ser honesto contigo mismo. Haz un inventario de tus cualidades y examina tus limitaciones. Limpia tu parte del camino preguntándote: "¿Cómo puedo mejorar?" Si te sientes perdido y no sabes por donde empezar, haz preguntas. Busca recursos o mentores que te guíen. A veces, eso puede ser un libro o incluso un terapeuta. Sea lo que sea, asume la responsabilidad y sé consciente de tus propios aspectos por mejorar.

Las principales necesidades de un hombre en el matrimonio son la compañía y el respeto. Sin embargo, no está garantizado que recibirás lo que necesitas solo por decir en la ceremonia de boda "sí, acepto". Debes dar para recibir. Es necesario sembrar para cosechar. La realidad es que debes ofrecer afecto. Cuanto más afecto brindes a tu esposa, más recibirás de ella lo que necesitas. Si tu corazón está vacío de amor, no podrás dar lo que no tienes. Ser esposo implica entregarte verdaderamente por tu cónyuge, incluso en los momentos en que no recibes nada a cambio o cuando tu pareja no lo merece. Para que no haya confusión: esto no significa que te dejes pisotear por nadie. No permitas que nadie te falte el respeto.

La verdadera medida de un hombre radica en la fortaleza de su carácter y en la manifestación del amor desinteresado. Hace falta más valentía para defender firmemente estas convicciones que para simplemente dejarse llevar por la gente. Al final, todo hombre debe tomar una decisión que requiere coraje y determinación. Esa elección, en última instancia, le permitirá vivir una vida plena, en la que cosechará el amor y la devoción de su familia. Y será precisamente esa entrega la que le otorgará, al final, un lugar de honor.

Reflejando el Amor de Dios

Según el diseño divino, el hombre debe ser el reflejo de Dios y de su amor. La mujer, a su vez, es el reflejo del hombre. Si una mujer está constantemente enojada o triste, con frecuencia, es un reflejo de cómo está siendo tratada en su hogar. Es el espejo del amor, o la falta de amor, que recibe de su esposo. El hombre tiene el mandato de Dios de amar a su esposa, ya que las mujeres funcionan con el amor. Pregúntate "¿Qué está reflejando mi esposa?" Si no te agrada lo que ves, pregúntate cómo puedes mejorar y cambiar la situación.

Entender la definición de un padre

Busqué la definición de "padre" en el diccionario y me dio muchos significados diferentes para la palabra. Las definiciones que más me llamaron la atención fueron que un padre es un hombre que acepta la responsabilidad, que da orientación, protección y cría a un hijo. Un padre es mucho más que el progenitor biológico. Un padre es una persona extremadamente importante en la vida de un niño. Nunca subestimes la importancia de un padre. La sociedad ha desvalorizado el papel del padre, restándole la importancia que realmente tiene. Sin embargo, abundan las estadísticas que demuestran que la ausencia paterna es uno de los factores que más contribuyen al aumento de la criminalidad y a diversos problemas sociales. Ser padre es el llamado más importante en la vida de un hombre. Ser padre no se define únicamente por el vínculo biológico con un hijo, sino por la entrega genuina y desinteresada hacia el bienestar de los demás. Ya sean carne de tu carne o no. Pocas cosas en la vida resultan tan profundamente gratificantes como ese acto de amor altruista.

Optimizadores de vida:

Ten tus prioridades en orden

No seas un hombre sin prioridades. Asegúrate tener tus prioridades en orden. Intenta mantener un equilibrio saludable. Tener las prioridades desordenadas hará que tu vida sea un desastre. Al establecer tus prioridades, asegúrate de hacerlo considerando las cosas que te brindan el máximo rendimiento. Establece tus prioridades teniendo en mente las cosas que son duraderas, no por las que son pasajeras. El orden debe ser: Dios, matrimonio, hijos y trabajo. El orden hoy en día es usualmente algo como trabajo, hijos, matrimonio, Dios. Por supuesto, hay un valor innegable en trabajar para proveer a tu familia; no es algo negativo en absoluto. Sin embargo, lo esencial radica en encontrar un equilibrio que permita tanto el sustento como el bienestar. Las prioridades desequilibradas pueden afectar negativamente las relaciones que son las más duraderas. Creo que las personas asumen que Dios y la esposa siempre estarán presentes, y por ello los dejan en un segundo plano.

Los hijos eventualmente se van de casa. Los trabajos vienen y van. ¿Dónde están tus prioridades? ¿Qué estás haciendo para ponerlas en su lugar? Como hombre, eres quien marca el rumbo de tu vida y la de tu familia, por lo que es fundamental hacerlo con sabiduría. No solo diriges tu propio destino, sino que también impactas profundamente en la vida de quienes dependen de ti.

Sé responsable

Nunca traspases tus responsabilidades a otra persona. No es trabajo de tu suegra ayudar con los niños. Es tuyo. No es responsabilidad de la amiga de tu esposa ayudarla con un proyecto que es para ella importante, es tuya. No es responsabilidad de tu hijo siempre limpiar el jardín, es tuya. No es solo responsabilidad de tu esposa cuidar la casa, las cuentas y los niños; es una responsabilidad compartida. Te corresponde a ti, como hombre de la casa, hacer lo que dices que vas a hacer. No hagas promesas falsas a tu esposa o familia. Esa es la manera más rápida de perder la confianza de tu familia. Un hombre que honra su palabra es admirado. Si has decidido tener hijos, comprométete no solo a traerlos al mundo, sino también a criarlos con dedicación. No postergues tu responsabilidad por miedo a los cambios que un hijo pueda traer. Un hijo siempre es una bendición y trae una gran recompensa al hombre que hace la inversión.

Siempre cumple con tu parte del trato

Cumple siempre tu parte del trato. Tener integridad no solo te llevará al éxito en tu relación, sino también en tu trabajo. Mantente firme. La victoria muchas veces depende de aguantar y seguir adelante. No renuncies ante la primera señal de dificultad. Las dificultades son inevitables; forman parte del aprendizaje. Son ellas las que te enseñan a ser más fuerte, las que te muestran los obstáculos para que el éxito llegue más rápido la próxima vez.

Si cometes un error, recuerda que eres responsable ante tu esposa y tu familia. No puedes simplemente rendirte, fallarles y no asumir las consecuencias. Cuando se te otorgan grandes dones, también se te exige una gran responsabilidad. No huyas; eres un hombre fuerte y estás a la altura del desafío.

La Humildad

La mayor posición de poder se encuentra de rodillas. Si el orgullo te impide adoptar una postura de humildad, estarás bloqueando tu capacidad de recibir sabiduría para enfrentar los desafíos que tengas por delante. Cuando te encuentres en una situación sin salida, cuando no sepas qué hacer, recuerda que solo Dios tiene la respuesta perfecta. Antes de ir a la cruz, Jesús se arrodilló. Solo al estar de rodillas obtuvo la fuerza y el valor para cumplir el plan perfecto de Dios para la humanidad. Él se convirtió en el regalo perfecto para nosotros. Y porque es nuestro regalo perfecto, hoy podemos acudir a Él con nuestros problemas, con la certeza de que encontraremos una salida.

Si eres demasiado orgulloso para pedir disculpas por un error, arriesgas tus relaciones. Pide perdón a tu padre, a tu hermana, a tu amigo, a tu madre. Tu vida será más rica y llena de amor cuando tengas la humildad de soltar el orgullo. No te creas superior; cada persona y cada cosa tiene valor.

Cuando se pierde de vista ese valor, el mundo se apresura a etiquetar a algunos como "fracasados". La vida es un sorteo incierto: tal vez fuiste bendecido con cuidado y oportunidades, y tu camino ha sido próspero. O quizás enfrentaste abandono y sufrimiento, y tu historia ha estado marcada por el dolor.

Sea cual sea tu camino, agradece a Dios por su misericordia. Reconoce Su mano en tu vida y dale gracias por las bendiciones que has recibido. Si no te consideras afortunado, de todas formas, dale gracias a Dios por las lecciones y por tu tenacidad.

"El orgullo termina en humillación, mientras que
la humildad trae honra."

(Proverbios 29:23 NTV)

El simple hecho de haber recibido una oportunidad no justifica la arrogancia. La arrogancia se manifiesta de diversas formas: crítica, impaciencia, juicio, odio y egoísmo. Haz un examen honesto de ti mismo. Cuando notes cualquiera de estas actitudes, sabrás que estás cayendo en la arrogancia. No te estás beneficiando en absoluto. Este es el camino más directo hacia la soledad y la desesperación. Puedes evitar muchos problemas simplemente alejándote de la arrogancia.

Destructores de vida:

Obsesión

Los asuntos del corazón son siempre complejos, pues se encuentran en el centro de lo que somos. Fuimos hechos para amar. Se han hecho y dicho tantas cosas en nombre del amor. Es una emoción tan poderosa. A veces, sin pensarlo, puede llevarte a lugares en los que nunca imaginaste estar. Ten cuidado de no permitir que ninguna relación se convierta en tu obsesión. No hagas del deseo de complacer a tus padres una obsesión enfermiza. No conviertas el agradar a tu pareja en un objetivo frustrante. No hagas que complacer a un amigo sea tu prioridad. Recuerda que el equilibrio es la clave. No te vayas demasiado a un extremo ni al otro. Comprende que lo que realmente buscas es aceptación. Asegúrate de aceptarte a ti mismo primero. Y recuerda que eres completamente aceptado por Dios tal como eres, con todas tus imperfecciones.

Tener confianza en ti mismo te hará más seguro en tus relaciones. A veces, son las relaciones más difíciles las que te hacen crecer más. Hay momentos en que puedes dar tanto de ti mismo en una relación que llegas a perderte a ti mismo. No está mal querer buenas relaciones, pero cuando tu felicidad depende de lo que otros hagan, entonces estás en problemas. Necesitas tener paz y alegría dentro de ti mismo. Nadie puede soportar un vaivén emocional constante sin que le cause daño. Si los demás son crueles, irrazonables, egoístas, irresponsables o lo que sea, eso no debería afectar tu paz ni tu alegría. A veces, te encontrarás con relaciones que parecen ser para siempre, aquellas de las que sientes que no puedes alejarte. Pero nada dura para siempre, así que necesitas aprender a superarlas y darte cuenta de que estás tratando con personas imperfectas.

Tener confianza en ti mismo te hará más seguro en tus relaciones.

Ser controlador

La obsesión por el control no es sino un reflejo del miedo. Representa un intento desesperado por manipular tanto las acciones ajenas como las circunstancias que te rodean. En el fondo de tu ser sabes que no puedes dominar a los demás; y en cuanto a tu entorno, quizá logres influir en él, pero solo por un tiempo limitado. Este esfuerzo constante por querer controlar todo resulta, inevitablemente, agotador, tanto para la mente como para el cuerpo. La gente no está hecha para ser moldeada a tu visión de cómo deberían ser, ni para cumplir con tus expectativas de manera que te garanticen felicidad o seguridad. Intentar manipular a los demás solo engendra resentimiento, y lo que inicialmente parece un control, termina alejándote de ellos. En lugar de crear cercanía, siembras distancia. Tu verdadera fortaleza debe surgir desde tu interior, no de las personas ni de las cosas. Aferrarte a esta falsa necesidad de control solo te llevará a la decepción continua. Tienes que llegar a la raíz de tu miedo. El miedo implica castigo por algo. Ceder al miedo es como decir "merezco el castigo". Identifica tus miedos y trabaja en ellos uno por uno. Haz lo que tengas que hacer para obtener ayuda. Para algunas personas, eso significa hablar con un amigo, ver a un terapeuta o incluso ir a un pastor, pero la principal persona a la que debes acudir aquí es Dios. Tienes que llegar a conocer el amor que Dios tiene por ti. Su amor quitará el miedo. El amor perfecto echa fuera el miedo. Date una oportunidad para ser verdaderamente libre.

El Rechazo

El rechazo es como estar al otro lado de un lago, mirando la orilla opuesta, pero convenciéndote de que nunca podrás cruzar. Es decirte a ti mismo: "¿Para qué intentarlo? A nadie le importa si estoy aquí o no". El rechazo es un espejismo, un miedo que se alimenta de sí mismo. Cuanto más te alejas de los demás, creyendo que te rechazarán, más probable es que eso ocurra. En general, las personas se sienten atraídas por aquellos que muestran dinamismo. Si no haces visible tu disposición a conectar, ¿por qué alguien habría de acercarse a ti? Quizás ellos también temen dar el primer paso, y al final, alguien tiene que ser valiente.

Cuanto más te alejas de los demás, creyendo que te rechazarán, más probable es que eso ocurra.

A veces el rechazo va más allá del rechazo social. A veces el rechazo proviene de personas cercanas a ti. Cuando eso sucede, generalmente hay dos razones: o no se sienten cómodos consigo mismos, o sienten celos de ti. Es especialmente difícil cuando eso proviene de un miembro de la familia, porque se supone que la familia es la que más debe aceptarte. Sin embargo, he descubierto que, en ocasiones, los padres y los hermanos cargan con un peso emocional tan profundo que simplemente no saben cómo liberarse de él.

Debemos recordar que, como seres humanos, somos increíblemente complejos. La mayoría de las personas ocultan sus heridas muy adentro, o deciden que nunca más se expondrán a ser heridos nuevamente. Cuando un padre encuentra difícil acercarse a su hijo, lo más probable es que esté llevando una carga de sufrimiento tan inmensa que ni siquiera sabe por donde empezar a sanar. Algunos padres no han tenido modelos a seguir que les enseñaran a abrirse y a conectarse emocionalmente con sus hijos. No intento justificarlo, pero es simplemente la realidad. Tarde o temprano, alguien debe tomar la decisión de no permitir que el dolor siga interfiriendo en las relaciones. A veces, esa persona no es el padre.

Si se nos ha dado la vida, es un privilegio y un honor vivirla de la mejor manera posible. No se puede esperar a que los demás den el primer paso. Debes protegerte del poder destructivo del rechazo. Aunque tal vez no te consideres como alguien especial, probablemente haya alguien que reconozca tu talento y espere que algún día lo reconozcas tú también. Mientras mantengas una baja autoestima, te quedarás en tu lado del lago y nunca cruzarás al otro lado para reclamar lo que siempre ha sido para ti. El rechazo no es más que una fuerza manipuladora que te mantiene viviendo por debajo de lo que estabas destinado a ser. Conduce a una vida de frustración y falta de satisfacción. Y nadie puede vivir así durante un tiempo indefinido sin sufrir daños. Asegúrate de no ser la persona que se destruye a sí misma por este comportamiento.

Mi Consejo de Madre:	Escucha a tu esposa y a tus hijos, respétalos y ámalos.
Punto Clave:	Las familias, y en particular los niños, requieren orientación. Por ello, asegúrate de estar siempre disponible para ellos.
Principio Fundamental:	"Padres, no exasperen a sus hijos, para que no se desanimen." (Colosenses 3:21 NTV)
 **Recursos Recomendados:** (La mayoría disponible en Amazon)	**Sobre relaciones:** Amor, sexo y relaciones duraderas de Chip Ingram (disponible en español en Goodreads) **https://www.youtube.com/watch?v=cmKmtK1CYNU (video solo disponible en inglés)** **Sobre amar a tu esposa:** *El desafío del Amor* de Stephen Kendrick y Alex Kendrick **Sobre disciplina para los niños:** *Tengan un nuevo hijo para el viernes* de Kevin Leman **Sobre vida familiar:** *The Successful Family: Everything You Need to Know to Build a Stronger Family* de Creflo Dollar (solo disponible en inglés) **Sobre vida familiar:** *The Vintage Family* de Drenda Keesee (solo disponible en inglés)

¿Por qué?

Notas:

Capítulo 6

¿Cómo sé que ella es la mujer perfecta para mí?

Pregunta: ¿Cómo sé que ella es la mujer perfecta para mí?

¿Por qué ha de importarme? ¿Qué gano con esto? Felicidad.

¿Por qué te estoy contando esto?

Elegir a la persona con quien compartir tu vida es una de las decisiones más importantes que puedes tomar. Asegúrate de que sea una verdadera compañera, alguien que sume, no que reste. Un vínculo equivocado puede arrastrarte hacia abajo, robándote tiempo, recursos, energía y alejándote de la realización de tus sueños.

El trasfondo:

Existen muchas historias sobre vidas destruidas. Algunas son evidentes y otras actúan como asesinos silenciosos. Adán se casó con una chica adicta a las drogas, que incluso las consumía mientras estaba embarazada. El resultado fue que su bebé nació con daño cerebral. Tina dejó a su esposo, con quien tuvo cinco hijos, para casarse con un hombre la mitad de su edad. Susana pasó todo su tiempo en clubes y en casinos apostando, descuidando a sus hijos y perdiendo una gran cantidad de dinero. Esas son mujeres que presentan señales de advertencia claras, que te instan a mantenerte distante. Sin embargo, a veces las que realmente debes temer son las que parecen ser normal. María era una joven bondadosa, marcada por la partida temprana de su padre y las experiencias de abuso, pero a pesar de ello, mantenía su esencia de ser una buena persona. Iba a la escuela, ayudaba a su madre y quería casarse. Lo lamentable era que, a pesar de su bondad, era juzgadora, insegura, rencorosa y controladora. Después de casi 40 años de matrimonio, José ya no aguantó más. Estaba harto. María desaprobaba de las decisiones que su hija Elena tomaba. En el fondo, lo que le molestaba era que no podía controlarla. La situación llegó al punto de que no permitía que su esposo ni el resto de la familia se comunicaran con Elena. Esto continuó durante años. María mantuvo a su familia prisionera de su ira y desilusión. Aisló a su hija y se negó a sí misma la posibilidad de compartir momentos con sus nietos. Hay mujeres de todos los caminos de la vida, con historias diversas. Es esencial que prestes atención tanto a las señales evidentes como a las más sutiles.

¿Cómo saber si ella es la indicada para ti?

Debes descubrir si lo que sientes es amor o solo una atracción intensa. Pon a prueba tus sentimientos. Aquí te presento algunas pruebas que pueden ayudarte a saber si ella es la indicada para ti. Estas pruebas provienen del libro *Love, Sex, and Lasting Relationships* de Chip Ingram. Las pruebas son de Chip, pero las explicaciones son mías.

Ingram, Chip. "Como saber si estas enamorado" *Amor, Sexo y Relaciones Duraderas,* Baker Books, 2003. pp. 87-103.

La prueba del tiempo

¿Amor a primera vista? Bueno, no exactamente. Eso solo ocurre en las películas. Eso es una fantasía. Guau, ella es deslumbrante. Es hermosa, sexy y dulce. Es como mirar una bandeja de postres; puede ser el postre más espectacular que hayas visto, pero eso no significa que sea bueno para ti. Dale tiempo a tu relación. ¿Cómo puedes decir que no puedes vivir sin ella cuando solo la conoces desde hace un par de meses? Hace dos meses atrás vivías perfectamente sin ella. Tómate el tiempo para conocerla.

Averigua sobre sus pensamientos y actitudes. Haz preguntas. ¿Es celosa? ¿Es controladora? ¿Es materialista? ¿Es un desastre? ¿Está desencantada y es desconfiada? Quédate tranquilo, dale tiempo al tiempo, no tomes decisiones apresuradas. Si realmente desea conocerte profundamente, estará a tu lado sin importar cuánto tiempo transcurra. ¿Tiene las cualidades que buscas en una pareja? ¿Comparte tus valores? Si la respuesta es "sí", ella podría ser la mujer para ti. Tienes que preguntarte: ¿Valdrá la pena esperar por ella? Recuerda que el amor crece con el tiempo. El enamoramiento ocurre de repente. No te equivoques.

La prueba del conocimiento

Cuando buscas trabajo, generalmente se hace una verificación de antecedentes. Los empleadores revisan tu informe de crédito, algunas empresas te hacen pasar por un examen físico o una prueba de drogas. Otros negocios incluso te hacen una evaluación de personalidad. Si las personas aceptan todo esto para conseguir un empleo, ¿por qué no harías lo mismo con alguien con quien vas a compartir tu vida? Mira lo que ella aporta y también mírate a ti mismo. Todo debe ser reciproco.

¿Suena paranoico? Tal vez. Las cosas han cambiado. Hoy en

día, las personas se conocen a través de las redes sociales o el internet. Y quizás no comiences una relación con alguien que hayas conocido toda tu vida, como una amiga de la escuela, por ejemplo. Dado que ambos pueden venir de lugares muy diferentes, es importante conocer todo lo posible sobre la otra persona. Haz preguntas. ¿Tiene trabajo? ¿Quiere tener uno? ¿Quiere quedarse en casa y criar a sus hijos? ¿Tiene hijos de una relación anterior? ¿Estás tu dispuesto a asumir el papel de padre para esos hijos?

Cuando es amor, crece a partir del conocimiento de todos los aspectos de la persona. Si es solo enamoramiento, generalmente se basa en saber solo unas pocas cosas sobre esa persona.

¿Qué tan bien conoces a tu prometida o esposa? ¿Te ha compartido sus sueños? ¿Quieres ser parte de esos sueños? ¿Quieres apoyarlos? ¿Quién se encargará del hogar y los niños mientras tú persigues tus ambiciones? Averigua esto y luego decide.

La prueba del enfoque

Cuando es un verdadero amor, el amor se enfoca en la otra

persona. ¿Estás dispuesto a darle trato preferencial? ¿Pones sus necesidades por encima de las tuyas? ¿Eres su amigo? ¿Es ella tu amiga? ¿Pueden ambos llegar a un acuerdo mutuo o son egoístas? ¿La tratas como una dama? ¿Quieres hacerlo? ¿Sabes lo que eso significa? Lo importante es tratarla con respeto. Eso significa que no haces, dices, ni de ninguna manera implicas algo que pueda ser sexualmente ofensivo. No usas palabras cargadas de connotación sexual, no muestras material pornográfico, no haces chistes groseros.

¿La deseas como esposa y compañera de vida? ¿O quieres algo de ella? Observa si ella está verdaderamente centrada en ti; eso puede ser una señal de amor genuino. Cuando es enamoramiento, la otra persona está centrada en sí misma. Si entras a una relación centrado en lo que hay para ti, eventualmente perderás. Tan pronto como ella no cumpla con tus expectativas, estarás decepcionado. Si entras preparado para dar, recibirás. Ten presente que es una relación recíproca. Tienes que verlo desde ambas perspectivas.

La prueba de la singularidad

¿Es ella la única persona para ti? ¿O eres codicioso? ¿Quieres más de una mujer? ¿Estás seguro de que ella es la que quieres? ¿O eres indeciso? Como siempre digo, si no es un "¡sí absoluto!", entonces es un "¡rotundo no!". ¿Quieres llevarla a conocer a tus padres? Si no tienes intenciones serias con ella, no la presentes a tu familia. ¿La presentas como tu novia o dices que solo es una amiga? Si es lo segundo, eso demuestra que no estás realmente comprometido con ella.

No poder comprometerse con una sola persona es miedo. Eso no es amor. La Biblia dice que el amor perfecto echa fuera el miedo. También dice que quien teme no ha visto la perfección del amor. Si la amas, profesarás tu amor por ella. Proveerás y la protegerás. ¿Estás listo para hacer eso?

Vamos a profundizar un poco más. ¿Cómo se mantiene la individualidad una vez que te casas? ¿Qué sucede cuando estás agotado por lidiar con los niños, la presión económica, un trabajo exigente o la soledad? La vida puede volverse difícil, monótona, y el amor en el matrimonio puede volverse frío. "Uno de los efectos secundarios de la rutina en el matrimonio es la vulnerabilidad al enamoramiento. Cuando los sentimientos se enfrían temporalmente de un lado, es difícil no prestarle atención a los sentimientos que vienen de otro lado. La mayoría de las infidelidades rara vez ocurren solo por atracción física. Por lo general, comienzan con algo de química durante momentos de vulnerabilidad. Sin embargo, las familias se rompen porque personas muy buenas y piadosas no han aprendido cómo manejar estas situaciones. Confunden el enamoramiento con el amor y toman decisiones imprudentes. El ciclo del enamoramiento dura de nueve a dieciocho meses. Después, esos intensos y maravillosos sentimientos desaparecen, y te quedas con otra persona que tiene las mismas necesidades que tú. Ella sabe que no puede confiar en ti porque dejaste a tu anterior pareja. Y tú sabes que no puedes confiar en ella, porque en el fondo temes experimentar la misma traición que ella causo. Lo que queda son dos personas infelices luchando con fallas de carácter."

Ingram, Chip. "Como saber si estas enamorado" *Amor, Sexo y Relaciones Duraderas,* Baker Books, 2003. pp. 87-103.

La prueba de seguridad

¿Te sientes seguro en la relación? ¿Es ella una persona que necesita atención constante? ¿Pueden otras mujeres confiar en ella cuando están cerca de sus parejas? ¿Es ella insegura? ¿Es esa la razón por la que necesita atención? ¿Tiene un apetito anormal por el sexo? ¿Respeta a los hombres o simplemente los utiliza? ¿Puedes confiar en ella? ¿Es realmente el tipo de mujer con la que quieres casarte?

Cuando el amor es verdadero, hay confianza. Conoces el carácter y los valores de la persona, y porque ella tiene un historial comprobado, puedes confiar. Si hay celos, eso es una señal de falta de confianza. La falta de confianza es señal de enamoramiento. O puede ser que la otra persona esté claramente engañándote a tus espaldas. De cualquier manera, abre los ojos. No ignores las señales de advertencia. ¿Cuál es tu nivel de seguridad en la relación?

La prueba del trabajo

¿Estás dispuesto a trabajar por ella? ¿Pones todo tu corazón en brindarle lo mejor?

Si un hombre realmente ama a una mujer, no le importa salir a buscar un trabajo. No le molesta poner el esfuerzo para hacer la vida de su mujer un poco más fácil. No le importa darse a sí mismo para la comodidad de ella. ¿O dices que vas a conseguir un trabajo, pero ni siquiera llenas una solicitud? ¿Dices que eres un "emprendedor" o un "artista" pero no tienes planes ni perspectivas reales que lo respalden? Por otro lado, ¿Está ella dispuesta a hacer su parte y apoyarte en tus esfuerzos para proveer? ¿O es perezosa? ¿Muestra una actitud de exigencia? ¿Tiene una actitud de que se le debe todo sin esfuerzo?

Dicen que el amor es ciego, pero no puede ser así porque el amor siempre ve con claridad. Si estás dispuesto a poner esfuerzo en construir un futuro con una mujer, entonces ella podría ser la indicada.

La prueba de resolución de problemas

¿Cómo resuelves los problemas? Si dices "oh, nunca peleamos," "estamos bien," te estás engañando a ti mismo. Solo por el hecho de ser hombre y ella ser mujer, tendrán algún conflicto en algún momento. Los hombres y las mujeres ven el mundo de manera diferente. ¿Cómo enfrentarán ambos los desafíos que seguramente vendrán? Mientras vivas, enfrentarás problemas. ¿Lo manejas de manera productiva o se convierte en una pelea a gritos? ¿Ambos sacrifican algo y llegan a una solución justa? ¿Llegan a un acuerdo sin culparse mutuamente por una cosa u otra? ¿Se hablan con amor o con ira? Este es un aspecto muy importante de una relación. La forma en que resuelves los problemas puede construir o destruir tu relación. Las personas que están verdaderamente enamoradas enfrentan los problemas difíciles. Las personas que están en un enamoramiento fantasioso solo piensan que todo se resolverá mágicamente. ¿Qué obstáculos sientes que tú y tu pareja pueden enfrentar y superar positivamente en la relación?

La prueba de la distancia

¿Es el amor más fuerte cuando están juntos y más débil cuando no lo están? El amor verdadero es más consistente. El enamoramiento varía dependiendo de la distancia o las circunstancias. ¿Siguen comunicándose a pesar de la distancia? ¿Siguen preocupándose por el bienestar, las metas y los planes del otro? ¿Hace la distancia su vínculo más fuerte o débil? ¿Son fieles incluso con la distancia? ¿O ven la distancia como una oportunidad para hacer lo que quieran, pensando que "lo que no se sabe no hará daño"? La distancia puede ser una ventaja. Un poco de tiempo alejados el uno del otro puede ayudarles a determinar si todavía sienten la misma pasión. ¿Cómo se siente ella contigo después de pasar un tiempo alejados? Esto puede revelar si hay alguna brecha en tu relación. ¿Es ella excesivamente dependiente? ¿Necesita estar contigo todo el tiempo? ¿Quiere que seas solo para ella? El enamoramiento suele necesitar al otro constantemente, 24/7, o "simplemente morirá" sin ti. Eso no es ni saludable, ni sostenible. ¿Han pasado tiempo separados? ¿Qué has aprendido de eso?

La prueba de atracción física

Cuando una pareja está enamorada, la atracción física es solo una parte de la relación. No es más importante ni significativa que las otras partes. Cuando se trata de enamoramiento, la atracción física lo es todo. Tener una experiencia placentera tras otra es el enfoque. Es como estar adicto a una droga: simplemente tienes que tenerla. Generalmente la atracción física se centra en el placer sin ningún tipo de profundidad o significado real. ¿Seguirás estando físicamente atraído a ella cuando esté enferma? ¿Cuándo tenga un mal día? Cuando ocurra algo trágico, ¿seguirás allí? ¿O solo estás presente para los buenos momentos? ¿Qué hace ella cuando tú estás decaído? ¿Cómo se comporta cuando la necesitas? ¿Es ella el tipo de persona que vas a querer en tu vida? Piénsalo bien.

La prueba de afecto

Cuando alguien está realmente enamorado, la intimidad llega mucho después en la relación. Cuando la persona está fascinada, la intimidad llega muy temprano, incluso al principio. Aunque se puede sentir bien tener la atención de alguien, ten cuidado. ¿Es esta persona genuina o simplemente está "enamorada del amor"? ¿Está buscando una relación verdadera o utiliza el afecto como una herramienta para intimar contigo? No estoy sugiriendo que debas ser paranoico, pero sí debes estar alerto. Necesitas observar los motivos de la otra persona. Tómate tu tiempo para evaluar. Lo mejor es no apresurarse ni dejarse llevar por el momento. Cuando lo haces, puede tener consecuencias muy negativas y un precio alto. Puede costarte tiempo, tormento emocional, dinero, autoestima y muchas otras cosas.

Procede con cautela. Asegúrate de que el afecto esté equilibrado por una verdadera amistad. Asegúrate de que haya una disposición para dar y que no haya un deseo egoísta como razón principal para acercarse a ti. Es casi como decir "culpable hasta que se demuestre su inocencia". Obsérvala, pero también obsérvate a ti mismo. ¿Cuáles son tus motivaciones?

¿Por qué?

La prueba de estabilidad

¿La persona con la que estás en una relación, tiende a ser inestable? ¿Cambia repentinamente? ¿Es impredecible? ¿Es poco confiable? ¿Sus sentimientos van de ser intensos a fríos muy rápidamente? ¿Hoy está enamorada de ti y mañana no? ¿Está enamorada de ti y tal vez de otra persona al mismo tiempo? Si la respuesta a cualquiera de estas preguntas es "sí", eso puede llamarse enamoramiento. Cuando las personas están confundidas sobre sus sentimientos, están obsesionadas o cegadas. El amor verdadero tiende a ser estable sin importar lo que esté pasando. Observa bien. ¿Cómo son sus otras relaciones? ¿Es amable con sus padres? ¿Con sus amigos? ¿Con sus hermanos? La pregunta que debes hacer es: "¿Cuál es su historial?" ¿Existen patrones tóxicos que envíen señales de alerta? ¿Cómo te sientes al estar con alguien así? ¿Eres estable con ella? Observa cuidadosamente.

La prueba de gratificación demorada

La pregunta aquí es: ¿pueden ambos esperar? ¿Están apresurados para llegar al altar? ¿Les parece insoportable la idea de esperar? ¿Sienten un sentido de agonía y desesperación? Si es así, probablemente estén obsesionados. ¿Pueden esperar un tiempo razonable? ¿Toman las cosas con calma? ¿Postergan su unión matrimonial hasta que tengan claridad sobre temas importantes, como los valores compartidos? Si es así, probablemente están enamorados. Haz un chequeo interno. ¿Te sientes cómodo? ¿Tienes dudas sobre estar con esa persona? Si es así, tómate un tiempo para obtener claridad. La gratificación demorada valdrá la pena al final.

Estas pruebas te darán una mejor idea de tu situación. También pueden guiarte para tomar una decisión sabia. Al final, te ahorrarán muchos dolores de cabeza, desilusiones y sufrimientos.

¿Cómo te fue en las pruebas? ¿Descubriste que tal vez no estás tan "enamorado" como creías? ¿Te diste cuenta de que quizás estás más fascinado que enamorado? Haz una pausa y reflexiona: ¿Es esto realmente lo que quiero? ¿Me conformaré con una versión superficial del amor o esperaré el amor verdadero? Mi deseo es que tomes decisiones sabias.

Optimizadores de vida:

"Comprométete"

Cuando decides casarte, asumes la responsabilidad de tu esposa.

¿Por qué?

Estás tomando la responsabilidad de protegerla y cuidarla. El matrimonio es la máxima expresión de un amor sacrificado. Este tipo de amor decide estar al lado de alguien pase lo que pase; ¡esto es impresionante! No quiero que le tengas miedo al compromiso, porque Dios es perfectamente capaz de equiparte con todo lo que necesitarás para tener éxito en el matrimonio. Sin embargo, es importante tener cuidado con lo que reclamas como tuyo. Como solía decir mi abuela: "No todo lo que brilla es oro." Puedes sentirte atraído por una mujer que luce como una supermodelo, pero que podría ser bipolar, anoréxica, atormentada, etc. No estoy sugiriendo que alguien que tenga estos problemas no sea digna de ser amada; por favor, no me malinterpretes. Lo que estoy diciendo es que debes investigar antes de invertir. Asegúrate de que, si hay desafíos, estés preparado para enfrentarlos. No te sorprendas por ellos y luego huyas, porque eso puede causar más daño que si te apartaras desde el principio. Tampoco estoy tratando de elegir a la mujer con la que te casarás. La decisión es solo tuya. Sin embargo, hay cualidades que valen la pena considerar cuando estás eligiendo a la mujer que será tu compañera. ¿Se siente ella completa? ¿Tiene un sentido de su propio valor? Si es espiritual, "¿Ve a Dios como su fuente de amor?" Si una mujer depende de Dios para su paz y gozo, está completa en Dios. Esto es importantísimo porque una mujer que sabe quién es no pondrá expectativas irrealistas sobre ti. Tú no te convertirás en su fuente para cumplir sus necesidades emocionales. Si ella se siente completa, entonces podrá darte lo mejor que tiene para ofrecer sin miedo, ni reservas. Una buena mujer puede hacer grande a un hombre promedio. Aquí comparto lo que Dios quiere que sepas acerca de una buena mujer. No son mis ideas, es el modelo que Dios ha dejado.

Escoge la mujer ejemplar de Proverbios 31

La esposa de carácter noble

10 ¿Quién podrá encontrar una esposa virtuosa y capaz?
Es más preciosa que los rubíes.
11 Su marido puede confiar en ella,
y ella le enriquecerá en gran manera la vida.
12 Esa mujer le hace bien y no mal,
todos los días de su vida.
13 Ella encuentra lana y lino
y laboriosamente los hila con sus manos.
14 Es como un barco mercante
que trae su alimento de lejos.
15 Se levanta de madrugada y prepara el desayuno para su familia y planifica las labores de sus criadas.

16 Va a inspeccionar un campo y lo compra;
con sus ganancias planta un viñedo.
17 Ella es fuerte y llena de energía
y es muy trabajadora.
18 Se asegura de que sus negocios tengan ganancias;
su lámpara está encendida hasta altas horas de la noche.
19 Tiene sus manos ocupadas en el hilado;
con sus dedos tuerce el hilo.
20 Tiende la mano al pobre
y abre sus brazos al necesitado.
21 Cuando llega el invierno, no teme por su familia,
porque todos tienen ropas abrigadas.
22 Ella hace sus propias colchas.
Se viste con túnicas de lino de alta calidad y vestiduras de color púrpura.
23 Su esposo es bien conocido en las puertas de la ciudad,
donde se sienta junto con los otros líderes del pueblo.
24 Confecciona vestimentas de lino con cintos
y fajas para vender a los comerciantes.
25 Está vestida de fortaleza y dignidad,
y se ríe sin temor al futuro.
26 Cuando habla, sus palabras son sabias,
y da órdenes con bondad.
27 Está atenta a todo lo que ocurre en su hogar,
y no sufre las consecuencias de la pereza.
28 Sus hijos se levantan y la bendicen.
Su marido la alaba:
29 «Hay muchas mujeres virtuosas y capaces en el mundo,

¡pero tú las superas a todas!».
30 El encanto es engañoso, y la belleza no perdura,
pero la mujer que teme al Señor será sumamente alabada.
31 Recompénsenla por todo lo que ha hecho.
Que sus obras declaren en público su alabanza.

(Proverbios 31:10-31 NTV)

Una nota importante aquí: no seas irrealista. Elegir a una mujer conforme a Proverbios 31 no significa que ella sea tu esclava. Ella es tu compañera. **Es la que está a tu lado, no debajo de ti ni detrás de ti. Respétala.**

Asegúrate de ser una persona plena e independiente antes de comprometerte en el matrimonio.

Cásate con alguien que también sea equilibrada y realizada. Respeta la individualidad y los sueños de tu pareja, y apóyala en sus objetivos. Juntos, establezcan metas como pareja y como familia. Compartir metas, asumir las cargas del otro y ayudarse mutuamente fortalecerá su unión y construirá una base sólida.

Siempre ejerce el amor primero.

No juzgues, critiques ni sientas celos de tu pareja; eso es una señal de egoísmo y arrogancia. No hay espacio para el egoísmo en el matrimonio. El egoísmo destruye las familias.

Pon a Dios en el centro de tu matrimonio. Cuando dos personas están comprometidas a hacer lo mejor para Dios, como consecuencia pueden hacer lo mejor el uno para el otro. Si ambos aman a Dios primero, será mucho más fácil amarse el uno al otro.

> *Pon a Dios en el centro de tu matrimonio*

El matrimonio requiere una gran madurez y sacrificio. Casarse no garantiza que ya seas maduro, por lo que es esencial estar preparado. Esto implica dejar las inseguridades fuera, ya que pueden ser perjudiciales para la relación. Es necesario estar dispuesto a dar sin esperar recibir. El matrimonio no se trata de lo que puedes obtener, sino de lo que puedes ofrecer. El amor es la base de toda relación, pero es un error pensar que solo el amor apasionado será suficiente para mantenerla. La verdadera clave está en estar dispuesto a dar, incluso cuando no haya razones claras para hacerlo. El amor no es la pasión ardiente que sientes cuando te encuentras con alguien por primera vez. Si esa es tu medida del amor, siempre te decepcionará. Ningún ser humano puede mantener esa intensidad durante toda una vida, mucho menos cuando llegan las responsabilidades del trabajo y los hijos. Asegúrate, sin embargo, de siempre hacer tiempo para estar juntos y no uses el trabajo, los hijos u otras responsabilidades como excusa para no hacerlo. Si no haces de tu matrimonio una prioridad, no será una prioridad. Sin embargo, las recompensas de un buen matrimonio son incalculables. Te da raíces profundas y, a la vez, te eleva hacia nuevas alturas.

Cosas prácticas para mostrarle a tu esposa que la amas:

1. Dedica tiempo a tu esposa.
2. Escúchala.
3. Sé cortés con ella, muestra buenos modales.
4. Déjale notas.
5. Háblale con amabilidad, no seas grosero.
6. Trátala con respeto.
7. Dale la libertad de ser quien es; no la pongas en una caja.

Las necesidades de una mujer:

1. Emocionales: romance, flores, sonrisas, coqueteos
2. Toques cariñosos, no sexuales
3. Intimidad: comparte tus pensamientos, tu esposa realmente quiere conocerte.
4. Seguridad: un hogar, estabilidad, ingresos, un buen retiro.
5. Entender sus necesidades.

6. Ayudarla en la casa.

7. Tiempo contigo, su amado esposo.

8. Ayudarla con los niños.

Así como tú tienes responsabilidades, la mujer también tiene las suyas. Hazle saber a tu esposa cuáles son tus necesidades. No te desequilibres. La actitud de toda la familia debe ser una de apoyo y servicio. ¿Qué podemos hacer todos para servirnos mutuamente y ayudarnos para el bienestar de todos?

Las necesidades básicas de un hombre son:

1. Amor físico: hazle saber a tu esposa que te gustaría que ella tomara la iniciativa.

2. Abrazos y besos: un hombre necesita ser rodeado de atención.

3. Comprensión.

4. Respeto: un hombre necesita que lo feliciten constantemente por sus contribuciones.

5. Un hombre necesita a alguien en quien confiar.

6. Hogar ordenado y limpio.

7. Sentido del humor.

8. Miradas juguetonas, sonrisas, cariños.

Elige sabiamente a la madre de tus hijos

Cuando tenía veinte años, lo único que buscaba en un chico era que fuera guapo y que fuera simpático. Ojalá alguien me hubiera dicho que se necesitaba mucho más que esos atributos superficiales para hacer un matrimonio exitoso. Cuando uno es joven, piensa que lo único que importa es la atracción física y los sentimientos mutuos, pensando que si hay amor todo lo demás se resolverá. Pero a veces, incluso con un amor profundo, no es suficiente para que un matrimonio prospere. Te hablo desde mi experiencia: se necesita el amor de Dios para sostener una relación, incluso cuando el amor entre ambos es inmenso. A medida que maduras, te das cuenta de que un matrimonio requiere confianza, y empiezas a apreciar otras cualidades como la integridad, la ética de trabajo y la tenacidad. La persona que elijas como esposa y madre será la que te ayude a establecer tu familia sobre una base sólida, por lo que no puede ser una persona que se rinda fácilmente. Ella será la que formará y moldeará a los hijos, encargándose de la enorme tarea de criar la próxima generación junto a ti. Muchas personas no piensan en términos de posteridad. ¿Cómo será ese futuro? ¿De qué manera tú y tu esposa contribuirán al bienestar de tus hijos y nietos?

¿Qué están sembrando hoy que beneficiará a tu familia y a los demás en el futuro? Ustedes dos están preparando a quienes serán parte de la sociedad del futuro. Una madre necesita coraje, tenacidad y un corazón generoso.

Destructores de vida:

Vivir solo por tus sentimientos.

No dejes que los sentimientos del momento sean tu guía. Piensa. Ejercita la sabiduría. Entiendo que probablemente estés pensando: ¿De dónde voy a sacar esa sabiduría? ¿No se necesita tiempo para adquirir la sabiduría y acaso no viene con la edad? Claro, hay algo de verdad en eso, pero en el fondo sabes cuándo algo realmente te ayuda en tu camino. Lo que trato de decir es que te tomes el tiempo necesario para desacelerar y tomar decisiones con claridad, sin dejarte llevar por la presión del momento. Los sentimientos cambian de un momento a otro. No puedes confiar en tus sentimientos todo el tiempo. Puede que te sientas diferente en la mañana. Puede que te sientas diferente después de que te pase la ira. Puede que te sientas diferente después de que se acabe la "nueva emoción". Puede que te sientas diferente cuando dejes de estar enamorado del amor. Puede que te sientas diferente cuando conozcas a la persona más a fondo. Los sentimientos pueden ser traicioneros. No siempre son tu mejor guía.

"Engañoso es el corazón más que todas las cosas, y perverso; ¿quién lo conocerá?"

(Jeremias 17:9 RVR)

Déjame ponerte un ejemplo. Hay personas que son expertas en manipular a los demás. Si alguien juega con tus sentimientos, lo que busca es obtener lo que le beneficia, sin importarle el daño que pueda causarte. ¿Cómo puedes confiar en lo que sientes cuando te están engañando? Ten precaución y mantente alerto frente a quienes son hábiles en aprovecharse de los demás.

Por otro lado, hay quienes no buscan intencionalmente hacer daño a los demás. A veces, las personas lastiman a los demás sin darse cuenta, sin ser conscientes del impacto de sus palabras. A veces los sentimientos son tan intensos que solo puedes enfocarte en la injusticia que alguien te ha causado. Si tu atención se centra en pensamientos como "esto no está bien", "¿cómo se atreven a hablarme así?" o "¿por qué ellos pueden actuar como quieran mientras yo intento hacer lo correcto?", es fácil quedar atrapado en el dolor. Y si eres una persona sensible, podrías darle demasiadas vueltas a las palabras dichas y eso puede traerte años de sufrimiento. No permitas que tus sentimientos gobiernen tu vida.

Si centras tu atención en el daño que te han causado, si te consume la falta de perdón y sientes que la otra persona te debe algo, siempre te quedarás con una sensación de vacío. La realidad es que nadie podrá compensarte completamente por lo que ha hecho. Si continuamente regresas al lugar de tu dolor y alimentas el resentimiento, nunca encontrarás verdadera libertad. Te quedarás atrapado en el rencor, incapaz de ver lo bueno en quienes te han lastimado y limitando tu propio crecimiento.

Si decides dejar atrás el altar de tu dolor, Dios puede traerte sanación. Las personas no pueden hacerlo. Dios puede abrir tus ojos para que veas lo bueno en los demás y brindarte herramientas para afrontar el proceso de sanación mientras creces en amor. Esto se relaciona con la conexión entre el poder y el amor que te mencioné anteriormente. Si estás atrapado en tus decepciones, no podrás avanzar con firmeza hacia la victoria que Dios tiene preparada para ti. Suéltalo. No permitas que lo negativo contamine tu vida. Cierra la puerta a la negatividad y no dejes que interfiera con las cosas buenas en tus relaciones. Esto se aplica a todas tus relaciones, ya sea con tu madre, hermanos, hijos, esposa o cualquier ser querido.

No permitas que lo malo se interponga y te mantenga atrapado en una vida limitada.

Dios tiene una vida mucho mejor para ti. Creas lo que creas, nunca te equivocarás con Dios. Busca la sabiduría de Dios en todo lo que hagas.

Vivir en extremos

El equilibrio es fundamental; un exceso en cualquier dirección puede hacer que el camino se vuelva complicado. Es como el caso de Dr. Jekyll y Mr. Hyde: ni tú ni los demás saben con certeza cuál será la reacción. Construir relaciones se vuelve difícil cuando te mantienes en los extremos, ya sea en el ámbito personal o profesional. La falta de estabilidad puede hacer que los demás duden en confiar en ti, ya que todo parece un juego de azar, dando la impresión de que ni siquiera tú tienes claro hacia donde te diriges. Los extremos suelen estar guiados por impulsos, saltando de una emoción a otra. El problema es que las emociones son cambiantes, y lo que parece tener sentido en un momento puede no tenerlo al siguiente. ¿Cómo puedes mantener coherencia o credibilidad si ni siquiera puedes justificar tu último impulso? Mantén el equilibrio. No dejes que tus emociones te controlen; en su lugar, aprende a controlarlas. Evalúa tus opciones con calma. Escucha más y habla menos; este sencillo consejo puede llevarte muy lejos. Tómate tu tiempo, porque las cosas no siempre son lo que parecen. Da a los demás el beneficio de la duda y, cuando tengas toda la información, actúa con claridad y propósito.

Mi Consejo de Madre:	Asegúrate de compartir los mismos valores.
Punto Clave:	No saltes sin mirar; esta es una decisión importante.
Principio Fundamental:	No todos son lo suficientemente maduros para vivir una vida matrimonial. Se requiere una cierta aptitud y gracia. El matrimonio no es para todos. Algunos, desde su nacimiento aparentemente, nunca piensan en el matrimonio. Otros nunca son solicitados o aceptados. Y algunos deciden no casarse por razones del reino. Pero si eres capaz de crecer hacia la grandeza del matrimonio, hazlo." (Mateo 19:11-12 traducción de MSG)
Recursos Recomendados: (La mayoría disponible en Amazon)	• **Sobre el matrimonio:** *Mentiras ante el Altar (Lies at the Altar)* de la Dra. Robin Smith (Este libro es fundamental antes de casarte. ¡Léelo! Discútelo con la persona con la que estás pensando casarte. ¡Mira antes de saltar!) Disponible solo en inglés. • **Sobre los límites:** *Limites* de Dr. Henry Cloud y Dr. John Townsend (Si tan solo hubiera leído este libro antes) • **Sobre las relaciones:** *Amor, Sexo y relaciones duraderas* de Chip Ingram (disponible en español en Goodreads) • **Sobre el sexo:** *Música entre las sábanas* de Kevin Leman (disponible en español en Goodreads)

¿Por qué?

Notas:

Capítulo 7

Trabajo

Pregunta: ¿Qué tipo de trabajo debo hacer?

¿Por qué ha de importarme? ¿Qué gano con esto? Si no trabajas, no comes.

¿Por qué te estoy diciendo esto?

El trabajo ocupa un lugar esencial en la vida de un hombre. No se trata únicamente de un medio para sobrevivir o sostenerse, sino de una fuente profunda de propósito y dignidad. Cuando digo "trabajo," no necesariamente me refiero a un empleo. "Trabajo" también puede significar dirigir tu propia empresa, ser emprendedor o inversionista. El trabajo te permite tomar control de tu destino si sabes a donde quieres llegar.

El Trasfondo

Mi mamá tiene la ética de trabajo más fuerte que haya visto en alguien. Es incansable. No se detiene hasta lograr lo que se propone. Cuando eres joven, a menudo piensas que no quieres ser como tus padres, pero con el tiempo te das cuenta de cuánto compartes con ellos. Antes pensaba que eso no era algo bueno. Hoy, aunque sé que no soy igual a mi mamá, reconozco que hay cosas en ella que admiro profundamente. Su ética de trabajo es una de ellas.

Muchas veces me encontré frente a una tarea que parecía imposible, pero ella siempre me demostró lo contrario. Sin importar lo difícil que fuera o el esfuerzo adicional que requiriera, avanzaba con determinación hasta conseguirlo. Por eso la llamo la "la milagrosa".

Trabajaba en una empresa de importación y exportación, y aún recuerdo cuando la visitaba en su oficina del World Trade Center. Su escritorio estaba cubierto de archivos de clientes. Día tras día, se sumergía en su trabajo, enfrentando desafíos sin rendirse. En aquel entonces, no entendía el sacrificio que implicaba, pero hoy, al estar en su lugar, lo comprendo perfectamente.

Ella ha sido un ejemplo increíble para mí. Me enseñó a no rendirme, a enfrentar la adversidad con determinación y a creer que nada es imposible. También me mostró que no hay sacrificio demasiado grande cuando se trata de la familia. Estoy segura de que nunca pensó en todo lo que me estaba enseñando, pero yo la observaba. Y gracias a ella, aprendí que, si realmente quiero algo, debo ir tras ello con todo mi esfuerzo.

Tipos de Trabajo

Al considerar qué tipo de trabajo deseas hacer en el futuro, es importante entender los diferentes tipos de trabajo que existen y cuál es su implicación tanto en tu bienestar financiero como en tu satisfacción personal.

En el libro de Robert Kiyosaki *Padre Rico, Padre Pobre,* él explica que existen cuatro cuadrantes. Lo que entendí de esto es que dos de esos cuadrantes te harán pobre y los otros dos te harán rico. En el cuadrante pobre están los empleados y dueños de negocios. En el cuadrante rico están los grandes empresarios y los inversionistas. Yo agregué otros tipos de trabajo en esta sección, pero están relacionados con los cuatro cuadrantes.

La pregunta entonces es, ¿dónde quieres estar? ¿Qué estás dispuesto a hacer para llegar allí? (Y, por cierto, puedes llegar sin hacerlo ilegalmente). ¿Y cómo se alinea este trabajo con tus prioridades?

Empleados

Muchas personas están en el cuadrante de los empleados, donde intercambian tiempo por dinero. Eso es lo que la mayoría de nosotros hemos aprendido. Su valor principal radica en obtener experiencia laboral que te pueda ayudar en otros proyectos futuros. El inconveniente es que, si no hay trabajo, no hay pago. Si no manejas bien tu dinero, podrías encontrarte en la calle. Al final, el destino de tu bienestar y el de tu familia queda en manos de otra persona o de una empresa. Es otro quien decide si tendrás lo necesario para alimentar a los tuyos, quien delimita los alcances de tu camino. Estar en esa posición es una de las pruebas más difíciles de afrontar.

Dueños de Negocios

Algunas personas prefieren ser sus propios jefes, por lo que inician su propio negocio y trabajan por su propia cuenta. Sin embargo, no son dueños del negocio realmente, la realidad es que el negocio los posee a ellos. Pasan la mayor parte del tiempo cuidando empleados. El resto del tiempo lo dedican a buscar clientes o cobrar cuentas. Si tienes un negocio de este tipo, es común que tu vida gire completamente en torno a él. Si no puedes disfrutar los frutos de tu esfuerzo, difícilmente sea una forma de vida ideal. En este caso, solo estás intercambiando tu tiempo por dinero.

Emprendimiento

Luego están aquellos que están en lo que Robert Kiyosaki llama grandes negocios. Aquí es donde creas un sistema y el sistema hace dinero por ti. Aquí haces el trabajo una vez y te pagan una y otra vez. Esto es lo que se llama ingreso residual recurrente. Esto es muy poderoso. Encuentras este tipo de dinero en servicios por suscripción. Creas un servicio y los suscriptores pagan una cuota mensual por ese servicio. Esto es muy popular hoy en día. Estos negocios suelen estar automatizados y subcontratados, lo que requiere poco de tu tiempo.

También encuentras este tipo de dinero en el mercadeo multinivel. Sé que tiene mala reputación porque algunas personas inescrupulosas lo han arruinado con prácticas poco éticas y esquemas Ponzi. Sin embargo, hay algunos negocios respetables y también funcionan con un modelo de suscripción. Puedes orientarte viendo cuáles tienen buena reputación con la *Direct Selling Association of America.* También quieres ver cuáles tienen longevidad, ya que eso dice mucho sobre la empresa. Además, observa con qué empresas está asociada la compañía; si tiene relaciones con otras grandes marcas, eso dice mucho sobre el tipo de empresa que es. Te advierto que esto no es para todos. Un porcentaje muy pequeño de personas tiene éxito en este tipo de entorno. Debes contar con una determinación firme, enfoque y una gran resiliencia. Si esto no es lo tuyo, no sigas este camino. Muchos han perdido tiempo y dinero por rendimientos muy bajos.

También puedes encontrar este tipo de ingresos residuales vendiendo programas y sistemas en línea. Grabas tus palabras de sabiduría una vez y sigues ganando dinero una y otra vez porque las personas compran tus grabaciones.

Creativo

En el mundo de los grandes negocios también existen los trabajadores creativos. Artistas en música, cine y escritura que hacen el trabajo una vez y reciben regalías. En este campo es extremadamente importante obtener un buen contrato. Un mal contrato puede dejarte con deudas en lugar de un buen ingreso, aunque estés trabajando arduamente en tu arte. Busca un abogado experimentado para que revise tu contrato. Esto es fundamental. No te dejes llevar por el entusiasmo exagerado de tu grandeza. Creer que eres lo máximo, ya sea algo que hayas inventado en tu cabeza o sea por los halagos de los demás, puede hacerte pensar que eres invencible. Toda armadura tiene una grieta. No dejes que los pequeños detalles te tumben. El pequeño detalle que ignoras puede costarte grandemente.

Inversionistas

Aquí es donde envías tu dinero a trabajar para ti. Un lugar donde muchas personas invierten su dinero es en el mercado de valores. A veces ganas dinero, a veces pierdes dinero. Debes sentirte cómodo con eso para poder ganar.

Existen otras formas de hacer tu dinero crecer. Puedes asociarte en un proyecto empresarial como los participantes del programa "Shark Tank". Puedes invertir en bienes raíces y obtener ingresos residuales por los alquileres. Puedes tener un lavado de autos o una lavandería que te genere dinero. ¿Sabías que puedes ser dueño de un cajero automático y ganar dinero con las tarifas? También puedes considerar una franquicia. Hay una variedad de opciones en este campo. Siempre busca maneras de hacer que tu dinero trabaje para ti. Considera invertir en criptomonedas. Haz tu propia investigación. La mayoría de las personas piensa que este tipo de inversión es demasiado riesgosa o una estafa. Y no necesariamente estarían equivocadas. Sin embargo, muchos gobiernos alrededor del mundo ya han establecido legislación sobre las criptomonedas o están a punto de hacerlo. Mi humilde sugerencia es que inviertas en aquellas monedas que tengan aplicaciones en el mundo real. Invierte en aquellas en las que las grandes corporaciones también están invirtiendo. ¿Existen países que ya hayan aprobado legislación sobre criptomonedas? ¿En qué monedas están invirtiendo? Nuevamente, investiga para comprender qué está ocurriendo con el sistema financiero mundial. Las cosas están cambiando rápidamente en el mundo; edúcate y no te quedes atrás. Buscando en Internet encontrarás una gran cantidad de información.

Caritativo

Este es el tipo de trabajo que encontrarás en organizaciones sin fines de lucro, fundaciones e iglesias. Estos puestos generalmente pagan un salario modesto. Si sientes el llamado a este tipo de trabajo, es especialmente importante presupuestar e invertir de manera sabia. Hay personas que establecen fondos fiduciarios para financiar el trabajo de una organización benéfica. Conozco a una señora que fue beneficiaria de un fondo de este tipo y usó esos fondos específicamente para su trabajo misionero. Esto fue clave porque no tuvo que recurrir a sus propias finanzas para hacer el trabajo que ama. Si sientes el llamado para hacer este trabajo, asegúrate de encontrar una organización benéfica que se alinee con tus valores. Esto es crucial porque estar en el lugar adecuado te mantendrá motivado, apasionado y realizado.

Optimizadores de vida:

Éxito y Promoción

Aquí tienes algunas cosas simples y prácticas que puedes hacer para ayudarte a lograr el éxito y la promoción.

1. **Cuida tu apariencia**

Cuando vayas a esa reunión importante, luce lo mejor posible. ¿Por qué? Las primeras impresiones son muy importantes. Siéntete orgulloso de tu apariencia. Las personas se sienten atraídas por aquellos que se ven exitosos. La gente nota cuando luces bien. Hay algo en un hombre elegante y bien cuidado que hace que las personas quieran seguirte. Cuidar de tu apariencia demuestra que te enorgulleces de ti mismo y que eres una persona de excelencia. La excelencia es algo que las personas buscan en los demás. Ya sea que alguien busque un socio comercial o un empleado, la excelencia es una cualidad muy valorada. La excelencia es un tesoro único. Conviértete en ese valioso tesoro.

2. **Llega a tiempo**

Llegar a tiempo es una señal de respeto. Es irrespetuoso hacer perder el tiempo a alguien. Una vez me dijeron que llegar temprano es llegar a tiempo. Llegar a tiempo es llegar tarde, y llegar tarde nunca es aceptable. Debemos honrar el tiempo que otros nos están dando, siendo puntuales. Llegar a tiempo es importante, no solo el día de tu entrevista o reunión, sino todos los días. Tener un trabajo no es un derecho; es un privilegio. Es tu oportunidad de aprender para que adquieras las herramientas necesarias para ser un líder eficaz en el futuro. Si tienes un trabajo, es porque alguien ha invertido mucho esfuerzo en construir un negocio exitoso. Solo porque sea una corporación no significa que no haya un equipo de liderazgo poniendo un esfuerzo serio para que todo funcione. Lo menos que puedes hacer es llegar a tiempo. Se te ha confiado una oportunidad, así que aprovecha esa oportunidad. Ya sea un trabajo o un negocio, demuestra que lo valoras. Al fin y al cabo, ¿no quieres que las personas respeten tu tiempo de la misma manera que tú respetas el de ellas?

3. **Presta atención a los detalles**

Presta mucha atención a las tareas que te han pedido hacer. Asegúrate de realizarlas con cuidado. Haz todo lo posible para no pasar por alto ningún detalle importante. Haz una lista de tareas para ti mismo. Anticipa objeciones y abórdalas en tu trabajo. Si es posible, comparte tus ideas con un colega de confianza antes de tu presentación oficial. Esta ética de trabajo es la que los socios comerciales y empleadores buscan en sus empleados y futuros líderes.

4. **Mantente enfocado en la tarea - termina lo que empiezas**

Si lo dijiste, hazlo. Si lo comenzaste, termínalo. Si alguien te pide que hagas algo, asegúrate de siempre cerrar el ciclo. No construirías los cimientos de una casa y luego dejarías de construir sobre ellos, ¿por qué lo harías con tu trabajo? Si te comprometes con algo, llévalo a cabo. Sé una persona de acción, no solo de palabras. Es simple. Como dice Nike: *"Solo Hazlo"*.

5. **Siempre da la bienvenida a la inspección**

No te ofendas si tu jefe dice, "Me gustaría ver esa presentación" o "¿Cómo va ese proyecto?". Da la bienvenida a la inspección. Tu actitud debe ser: "Claro, ¿cuándo quieres venir a verlo? Me encantaría mostrarle lo que he hecho hasta ahora". Este tipo de actitud inspira confianza. No tomes la actitud de "Pensé que me diste este trabajo porque creías que podía hacerlo. ¿No confías en mí?". Este tipo de actitud podría insinuar que tienes algo que esconder. Si eres abierto a la inspección, no solo podrás mostrar tus esfuerzos, sino que también podrás beneficiarte de la experiencia de tu jefe. Los jefes te ayudarán a evitar obstáculos. Benefíciate de la sabiduría de los demás; al final serás más exitoso.

6. **Haz más de lo que se espera**

Supera las expectativas. La gente lo notará, ya que es algo poco común. Sé la persona que ofrece soluciones, no la que deja los problemas en las manos de su jefe. Él o ella ya tiene suficiente con lo suyo. Si mencionas un problema, ofrece una solución. Esto será profundamente apreciado. Cuando realices tu trabajo con excelencia y sin intenciones ocultas, no pasará mucho tiempo antes de que seas promovido. Haz tu trabajo de manera honesta por un salario justo. Si no consideras que te están pagando lo que mereces, una actitud negativa no te dará más dinero. Tener la actitud correcta te abrirá las puertas a promociones y a todas las ventajas que eso conlleva.

7. **Sigue adelante**

A veces, simplemente tienes que seguir adelante para dar el siguiente paso. No estoy sugiriendo que te muevas de un lugar a otro cada año. Dale una oportunidad digna a lo que haces. Evalúa tu situación cada tres, cinco y diez años. Si te está funcionando, continúa; si no, explora tus opciones. Tómate un respiro para pensar. A veces, alejarte de algo por un corto período de tiempo puede darte claridad sobre cuál debería ser tu siguiente paso.

8. **Sé audaz**

Sé audaz. Persigue lo que deseas sin dudar. No seas indeciso. Adopta una actitud de "hazlo o muere en el intento". Al hacerlo, sabrás que diste lo mejor de ti y no vivirás con remordimientos.

9. **Sé consistente**

La consistencia es la clave para el éxito. Si no eres constante y perseverante, el éxito se te escapará. Este principio es sumamente importante. Puedes tener muchas cualidades, pero si careces de esta, podrías golpear tu cabeza contra la pared preguntándote: "¿Por qué estoy estancado?"

10. **Celebra**

Independientemente de lo que hagas, nunca dejes de celebrar tus éxitos. A veces caemos en una rutina, tan enfocados en nuestras tareas que olvidamos tomarnos un momento para disfrutar. Es fundamental mantener el equilibrio. ¿Cómo te sentirías si no dedicaras tiempo para recargar tus energías? ¿Qué pasaría si no hiciéramos espacio para las cosas que realmente amamos? ¿Cómo te sentirías si vivieras en aislamiento, solo concentrado en el trabajo y sin tiempo para las personas que quieres? ¿Qué pasaría si la vida se convirtiera en una carga en lugar de una aventura? ¿Y si sintieras que tu creatividad se ha agotado? No te enfoques tanto en el trabajo que olvides vivir y divertirte. No seas como un auto que se queda sin gasolina y sigue funcionando solo con vapores. Tómate el tiempo para celebrar quién eres. Detente un momento para sentirte verdaderamente vivo. Encuentra lo que te recarga de energía y vive plenamente, porque la alternativa simplemente no vale la pena.

Destructores de vida:

Apatía

Escuché una cita que se le atribuye a Albert Einstein que dice:

"Solo hay dos formas de vivir tu vida. Una, como si nada fuera un milagro. La otra, como si todo fuera un milagro."

La apatía es la ausencia de interés, de entusiasmo, de impulso vital. Es ese estado en el que la motivación se desvanece, en el que la vida pasa ante ti sin moverte. Permaneces inmóvil, desconectado, operando en una frecuencia baja. Pero esa no es la forma de vivir plenamente; no es así como se honra el milagro de un nuevo día, ni mucho menos el regalo de la vida misma.

¿Cómo romper con ese estancamiento? El antídoto está en su opuesto: la empatía. Sin ella, sin compasión ni conexión emocional, es difícil encontrar razones para actuar, para apasionarse por algo. La apatía encierra; la empatía abre. Cuando abres tu corazón, cuando te permites sentir en lugar de cerrarte, algo comienza a transformarse. La acción vuelve a ser posible. Y con la acción, también el propósito.

Es entonces cuando puedes comenzar a compartir lo mejor de ti: tus talentos, tu sensibilidad, tu visión única. Al hacerlo, no solo te elevas tú, sino que elevas a los demás. No permitas que la apatía te robe tu destino, ni que tampoco te quite las recompensas que esperan al otro lado del compromiso con la vida.

Pasividad

La pasividad es definida como: aceptación de lo que sucede, sin respuesta activa o resistencia. La pasividad es la mentalidad de aceptar conformarse con lo justo, en lugar de aspirar a más. Es aceptar lo ordinario en lugar de lo extraordinario. La pasividad te desconecta de la vida. Te cierra las oportunidades de vivir plenamente. La pasividad dice que las cosas siempre serán iguales y nunca cambiarán, así que no resistas. Es una vida sin potencial. La pasividad te dice que está bien conformarte, dejarte llevar por la corriente, en lugar de hacer lo que realmente es correcto para ti. La pasividad te convence de que hacer nada está bien, porque no anticipas algo mejor. El no tomar acción es el camino más rápido hacia la nada. El estar contento significa que estas en paz contigo mismo, con la vida y con los demás. No es lo mismo que la pasividad y no deben confundirse.

Mi Consejo de Madre:	Trabaja para ganarte la vida, pero no olvides vivir.
Punto Clave:	Persigue la excelencia en tu trabajo. Sé constante.
Principio Fundamental:	"Hagan lo que hagan, trabajen de buena gana, como para el Señor y no como para nadie en este mundo." (Colosenses 3:23, NVI)
Recursos Recomendados: (La mayoría disponible en Amazon)	• **Sobre emprendimiento:** *La semana laboral de 4 horas* (The four hour work week) por Timothy Ferriss (disponible en español) • **Sobre trabajo:** *Principios* por Ray Dalio (disponible en español)
Programa Recomendado:	• **Insane Productivity** de Darren Hardy www.darenhardy.com (disponible solo en inglés)

¿Por qué?

Notas:

Capítulo 8

Dinero

Pregunta: ¿Cómo gestiono mi dinero?

¿Por qué ha de importarme? ¿Qué gano con esto? Libertad.

¿Por qué te estoy diciendo esto? Deseo que vivas una vida extraordinaria. El dinero es solo una herramienta; su impacto depende de cómo lo utilices. Puede ser un excelente servidor, pero un terrible amo. Puede impulsarte o aprisionarte. La decisión es tuya, úsalo con sabiduría.

El Trasfondo

Cuando Gabrielle se casó, no tenía ninguna deuda. No tenía nada, pero tampoco debía nada. Era un punto de partida sólido para un matrimonio. Para Gabrielle, el dinero tenía su valor, pero nunca la dominó. Scott, en cambio, lo veneraba. No solo apreciaba lo que podía comprar, sino lo que representaba: estatus, reconocimiento, la certeza de que él era alguien en el mundo.

Siempre estaba en una incansable búsqueda del dinero, como si fuese su dios. Gabrielle se preguntaba qué lo impulsaba a esa obsesión. La única conclusión a la que pudo llegar fue que el dinero no era solo un recurso para él, sino su identidad. Le daba la certeza de ser alguien importante, de tener valor. Cuando su bolsillo estaba lleno, sentía que su existencia valía algo.

A Gabrielle le parecía trágico que la autoestima de Scott dependiera de algo tan efímero. Un día, le preguntó:

—¿Qué sucede cuando pierdes tu trabajo o el dinero se acaba?

Él, sin detenerse, respondió:

—Simplemente buscas la manera de ganar más.

En ese instante, ella comprendió que aquello no era más que un remedio pasajero, una solución temporal a un problema más profundo. Se podía tapar la grieta, pero la grieta seguía ahí. Entendía que para Scott la prosperidad económica era sinónimo con el éxito y estabilidad, y ella admiraba su determinación de salir cada día a dar lo mejor de sí. Sin embargo, lo que él no veía era que no necesitaba más dinero para ser valioso. Ya lo era. Él era inteligente, simpático, trabajador, generoso y divertido. Pero parecía como si estuviera ciego a sus otras cualidades. Era como si las descartara y solo pensara en sí mismo como una máquina de cajero automático. Se convenció de que nadie lo querría si no tenía dinero, ni siquiera su esposa o sus hijos. Destruyó su matrimonio al convencerse de que ella no lo necesitaba, pues era una mujer independiente. Creía que no tenía razón de estar en el matrimonio si no era él quien proveía.

Tristemente, perdió de vista su rol como líder del hogar, como protector de su familia, y muchas otras cualidades que definen a un hombre, más allá de su salario. Cambió de trabajos con frecuencia, siempre en busca de la siguiente oportunidad que le ofreciera más dinero. En lugar de invertir tiempo y esfuerzo en construir algo sólido, saltaba de un empleo a otro. Cuanto más perseguía el dinero, más se alejaba de lo que realmente necesitaba. Eventualmente, se quedó sin trabajo, vendió todo lo que tenía y terminó viviendo en su carro. Y no fue porque estuviera viviendo una aventura bohemia o que estuviera cursando una búsqueda espiritual. Podría haber tomado decisiones que lo habrían llevado por otro camino, pero su obsesión con el dinero lo cegó. Fue trágico, porque tenía un tremendo potencial, la capacidad de lograr y ser lo que quisiera. Podía haber dejado una huella profunda en el mundo, pero no lograba ver su verdadero valor, porque solo se veía a través de un lente distorsionado.

No estoy segura si la causa de su visión distorsionada era su necesidad por la aprobación. Tenía una relación terrible con su padre. No tenían nada en común. Su padre lo humillaba constantemente y nunca lo animaba. Debido a que era un niño sensible, necesitaba más apoyo. Era como si nunca se hubiera sanado de su niñez. Sigue persiguiendo el dinero y luchando constantemente. Debes recordar que tu valor como ser humano trasciende el dinero. Debes saber que tu valor es mucho mayor que un cheque.

El Dinero

El dinero puede ayudarte a vivir la vida de tus sueños, puede ayudar a cambiar la vida de otras personas o puede darte poder. Perseguir el dinero tambien puede llevarte a lugares a los que quizá no quieras ir. La forma en que lo uses refleja lo que hay en tu corazón. Desarrolla una relación sana con el dinero para que puedas vivir una buena vida. El dinero te da opciones, escoje tus opciones sabiamente.

Asegúrate de tener equilibrio en tu relación con el dinero. En su mejor expresión, el dinero es útil y necesario. En su peor expresión, es un carcelero terrible. Si te obsesionas con el dinero, gobernará tu vida y serás tú quien sufra el dolor de dejar que controle tu vida. No bases tu valor personal en el dinero. Esa es una trampa. ¿Habrá suficiente dinero para llenar ese vacío en tu corazón? Solo Dios puede llenar ese hueco. Una vez que tengas el dinero, ¿te obsesionarás con la posibilidad de perderlo todo y, en el proceso, perderte a ti mismo?

La Deuda

No te endeudes. La deuda es esclavitud. La deuda es tu peor enemiga. Es la enemiga de tu futuro financiero: no la aceptes en tu vida. Paga en efectivo. La deuda te mantendrá limitado. No caigas en la trampa de "compra ahora y paga después". Ahorra para las cosas que quieres; sé que parece anticuado, pero te mantendrá estable. Ten deudas buenas, no deudas malas. ¿Qué quiero decir? Digamos que obtienes un préstamo con el propósito de hacer una inversión financiera que no solo permita pagar el préstamo, sino también generar ganancias para ti; este tipo de deuda está bien tenerla temporalmente. Obtener una tarjeta de crédito con una tasa de interés ridículamente alta para comprar cosas que no puedes esperar a tener y luego hacer solo el pago mínimo es un ejemplo de mala deuda. Sé sabio y actúa solo si tienes paz. Ten mucho cuidado con el dinero. Si no lo controlas, es como un tren fuera de control. Ahórralo. Inviértelo. Dale a tu dinero una meta y un propósito. Haz que tu dinero trabaje para ti. Prepara tu mente para el éxito cuando se trate de dinero.

Amor al dinero

Muchas personas piensan que el dinero lo soluciona todo. Algunas creen que "el dinero es la raíz de todos los males", pero eso no es del todo correcto. La Biblia dice que "el amor al dinero es la raíz de todos los males". Es tener una relación obsesiva y desmedida con el dinero lo que es la raíz de todos los males. Mantén el equilibrio. Sí, es motivo de orgullo para un hombre proveer para su familia. Sin embargo, no te obsesiones tanto con el dinero que te olvides de todo lo demás. Pregúntate: ¿por qué estoy persiguiendo este dinero? Cada vez que hagas algo, pregúntate por qué lo estás haciendo. ¿Es para sentirte más importante? ¿Es para llenar algún vacío? ¿Es porque te gusta la adrenalina y el desafío?

"¿Qué aprovechará al hombre, si ganare todo el mundo, y perdiere su alma? ¿O qué recompensa dará el hombre por su alma?" (Mateo 16:26 RVR)

En el mejor de los casos, el dinero debería estar disponible para darte una vida cómoda y permitirte tener algo extra para marcar una diferencia positiva en la vida de otras personas. Observa a los hombres filántropos; eso es exactamente lo que hacen. Pitbull es conocido como músico. Sí, gana mucho dinero como "Mr. Worldwide", pero hay mucho más que eso. Realiza trabajo filantrópico que ayuda a niños, familias y jóvenes. Al final, solo necesitas cierta cantidad de dinero.

Debes ser el dueño de tu dinero, y no al revés. Cuando el dinero te gobierna, se convierte en un tirano. Te dice qué hacer y cómo hacerlo. Por lo general, te convence de que te dará satisfacción, pero al final termina destruyéndote. El dinero te convencerá de que gastarlo en drogas recreativas es solo diversión hasta que termines en rehabilitación. El dinero te convencerá de que puedes tener a cualquier mujer que quieras y que serás tremendo macho, hasta que contraigas una enfermedad. El dinero se disfrazará de algo bueno solo para conducirte por un camino de destrucción.

¿Por qué?

Tu actitud hacia el dinero

Hemos hablado de algunas de las trampas negativas del dinero; ahora, hablemos de sus posibilidades. Me sorprendió descubrir que desarrollamos una mentalidad respecto al dinero y que, al igual que muchos de nuestros valores fundamentales, esta puede provenir de nuestros padres, amigos, figuras de autoridad, maestros, medios de comunicación, cultura, entre otros.

En *Los secretos de la mente millonaria,* T. Harv Eker explora lo que él llama *"tu programación financiera."* Habla de cómo nuestro "termostato financiero" puede estar ajustado para el éxito o el fracaso. Su enfoque se centra en la psicología de la riqueza y el éxito, explicando lo que se necesita para preparar tu mente para triunfar y mantenerla en ese estado.

Muchos de nosotros ni siquiera nos damos cuenta de que hemos heredado un plan financiero orientado al fracaso. No es hasta que examinamos esta área de nuestra vida que comprendemos nuestra relación con el dinero. El libro de Eker contrasta la mentalidad de los ricos con la de los pobres. Una de las ideas que más resuena en mí es que los ricos se enfocan en las oportunidades, mientras que los pobres se centran en los obstáculos.

Eker presenta 17 diferencias clave en la forma en que los ricos piensan y actúan en comparación con los pobres. También analiza las actitudes que pueden empoderarte o limitarte cuando se trata del dinero. Existen innumerables libros sobre cómo ganar, gestionar e invertir dinero, y he listado algunos al final de este capítulo. Sin embargo, lo que distingue al libro de Eker es que pone el enfoque en la mentalidad financiera: en las causas profundas y la psicología que explican por qué tienes o no tienes dinero. ¿Estás atrapado en un ciclo de autosabotaje? ¿Puedes romper este patrón? La respuesta es sí. Puedes liberarte de un plan financiero limitante. El primer paso es reconocer su existencia; solo entonces podrás comenzar a tomar medidas para transformarlo.

El dinero con una misión

Todos hablamos del dinero y de su impacto en nuestras vidas. Sin duda, es un elemento fundamental, pero jamás debe convertirse en nuestro dios. El dinero es, ante todo, una herramienta, y como tal, debemos aprender a utilizarlo con sabiduría y eficacia.

Empieza por lo esencial: destina el 10% de tus ingresos para ayudar a los demás, ya sea a través de la caridad o donaciones. De igual manera, págate a ti mismo al menos otro 10%: este será tu ahorro, tu seguridad financiera. Lo que das, también debes guardarlo para ti.

Otro 10% debe ir destinado a inversiones y a la creación de fuentes de ingresos pasivos. Este dinero no se gasta, sino que se pone a trabajar para ti, multiplicando tu estabilidad y libertad financiera. Asimismo, aparta un 10% para educación, ya sea en cursos, libros o cualquier recurso que te ayude a crecer, adquirir nuevas habilidades y expandir tus conocimientos.

También es importante separar un 10% para divertirte, este es el dinero que usas para gozar. ¿Por qué? Para que puedas disfrutar de los frutos de tu esfuerzo y recompensarte con experiencias que te hagan sentir bien. Finalmente, el 50% restante se destina a cubrir necesidades básicas, como el pago de cuentas y otros gastos esenciales.

Organizar tus finanzas de esta manera te pone en control, en lugar de ser dominado por el dinero. Al adoptar este enfoque, no solo construyes un futuro sólido, sino que también disfrutas del camino. Cuanto antes empieces a aplicar estos principios, más natural se volverá este hábito. No postergues el ahorro y la inversión: ¡comienza ahora! ¿Por qué esperar?

10%	Ayudar a otros
10%	Ahorrar
10%	Invertir
10%	Desarrollo personal
10%	Diversión
50%	Gastos esenciales

Ya me imagino lo que debes estar pensando "¿Estás loca? ¿Quién puede vivir con la mitad de sus ganancias?" Quizás lo puedes manejar de esta forma. Un mes tomas 10% para ahorrar. Otro mes tomas 10% para divertirte o para invertir. Es algo que puedes hacer poco a poco. Es una meta que podrías proponerte a alcanzar.

Existen numerosos ejemplos de jóvenes que han asumido roles de liderazgo destacados y han alcanzado la riqueza a una edad sorprendentemente temprana. Te animo a que investigues casos actuales en línea, ya que cualquier ejemplo que mencione aquí podría quedar desactualizado para cuando se publique este libro. Sin embargo, hay una historia que me ha llamado la atención: la de Farrah Gray. Hoy en día, es un autor de y un reconocido orador motivacional, pero su camino hacia el éxito comenzó mucho antes. A los 14 años, Gray logró convertirse en millonario por mérito propio, alcanzando una fortuna de 1.5 millones de dólares. También fue la persona más joven en tener una oficina en Wall Street. Su espíritu emprendedor se manifestó desde los 6 años, cuando empezó a vender lociones en su vecindario.

El mensaje aquí es claro: **comienza en cuanto antes y construye tu propia prosperidad**. Algunos podrían cuestionar esta perspectiva y preguntarse: "¿No es acaso un enfoque materialista?" En absoluto. En la economía divina, el dinero es simplemente una herramienta para hacer el bien y apoyar a los demás. A veces, la respuesta a una oración es simplemente dinero. Seamos realistas: si alguien está al borde de perder su casa porque esta atrasado en sus pagos y está enfrentando un embargo hipotecario, lo que necesita no son solo palabras de consuelo, sino recursos tangibles. Cuando gozas de estabilidad financiera, tienes la oportunidad de ser un apoyo para los demás, en lugar de ser una carga.

¿Por qué deberías ser un apoyo para los demás? Desde una perspectiva práctica, una razón puede ser el beneficio fiscal que obtienes al tomar las deducciones en tu planilla de impuestos. Sin embargo, mi esperanza es que tu motivación para invertir en los demás provenga de un lugar desinteresado. Existe un dicho que afirma: "Lo que siembras, cosechas", recordándonos que lo que damos al mundo es lo que eventualmente recibimos en retorno. Desde el punto de vista de Dios, Él recompensa nuestra generosidad y cuidado hacia los demás. Tal vez no busques una recompensa material, pero ¿qué pasaría si necesitaras salud o un matrimonio sólido? El bien que siembras en la vida de otros, Dios lo multiplica para ti.

Piensa en la Navidad. Qué pasa cuando le entregas un regalo a alguien, especialmente si es algo que esa persona había deseado profundamente. Ese momento es muy especial. Hay una satisfacción inigualable al ver la felicidad en el rostro de esa persona. Y cuando tu generosidad deja una huella significativa en la vida de otra persona, es algo realmente extraordinario. La paz y la alegría que nacen en tu corazón son también razones poderosas para dar.

Consejos prácticos para manejar tu dinero

Haz un seguimiento de tus gastos, pues esto revelará rápidamente cuáles son tus verdaderas prioridades. Además, te permitirá identificar áreas en las que puedes hacer ajustes, liberando así más recursos para tu beneficio.

1. Elabora un presupuesto y síguelo
   a. *Paz Financiera* de Dave Ramsey es un excelente punto de partida, sin importar en qué etapa de la vida te encuentres.
2. Analiza a donde va tu dinero
   a. Anotando como lo estas gastando puede ser muy útil.
   b. Muchos bancos ofrecen herramientas para crear un presupuesto. ¡Úsalas!
   c. Good Budget es una excelente aplicación para principiantes y tiene una versión gratuita (al momento de la publicación de este libro).
3. Paga en efectivo
4. Mantente libre de deudas
   a. Elimina las deudas de tarjetas de crédito.
   b. Hay personas que consideran útil el uso de tarjetas de

crédito debido a los programas de recompensas. Eso puede funcionar siempre y cuando tengas un fondo para cubrir lo que pongas en la tarjeta y lo pagues cada mes. Pero es como jugar con fuego, podrías quemarte si no eres cuidadoso.

c. Elimina los préstamos estudiantiles.

    i. Llena el FAFSA para obtener ayuda federal para los gastos de estudios.

    ii. Intenta conseguir becas o patrocinios en lugar de incurrir en deudas de préstamos.

    iii. Usa planes universitarios prepagados y planes de ahorro para la universidad 529 siempre que sea posible.

    iv. Si tienes préstamos, intenta refinanciarlos a tasas más bajas.

d. Elimina los préstamos de auto.

    i. Por cierto, es mejor no arrendar un vehículo a menos que sea parte de una deducción de negocios y tengas un plan legítimo para el arrendamiento.

5. Encuentra dinero en tu situación actual

    a. ¿Qué puedes vender?

    b. ¿Puedes ahorrar con cupones o Groupon?

c. ¿Puedes intercambiar bienes o servicios (trueque)?

d. ¿Puedes comprar usado o reacondicionado?

e. ¿Puedes comprar en tiendas de segunda mano?

f. ¿En qué estás gastando demasiado dinero?

   i. Comer fuera

   ii. Entretenimiento

   iii. Café

   iv. Equipos deportivos

   v. Ropa

   vi. Mobiliarios

6. Mantén un fondo de emergencia de $1,000 a $3,000

7. Ahorra de 6 a 12 meses de salario. Si pierdes tu trabajo, estarás cubierto y no necesitarás entrar en pánico. Podrás tomarte tu tiempo para encontrar el trabajo que quieres, en lugar de tomar uno solo por desespero o necesidad.

8. Invierte. Haz que tu dinero trabaje para ti.

En el capítulo anterior, discutí sobre los diferentes tipos de trabajo y mencioné la inversión. Si eres joven y estás comenzando tu camino en el mundo laboral, no te limites a pensar únicamente en un "empleo". Claro, consigue ese empleo, pero aprovecha cada oportunidad para sacarle el máximo provecho. Reflexiona sobre cómo esa experiencia laboral puede contribuir a tu futuro como inversionista.

Lo primero es ganar experiencia. Aprovecha cada programa de capacitación y certificación que se te presente; son valiosos y, lo mejor de todo, no necesitas pagar por ellos. Si tu empresa ofrece programas rotacionales, mentorías o pasantías, involúcrate en ellos. Esta es una oportunidad de aprender y, al mismo tiempo, ser remunerado. No subestimes el impacto que una oferta así puede tener en tu crecimiento profesional. Usa los recursos de la empresa a tu favor. Invierte en ti mismo.

Cuando empieces a trabajar, elige empresas que aporten a tu estabilidad financiera. Y no me refiero solo a tu salario. Además de los programas de capacitación, muchas empresas ofrecen beneficios como el 401K, un plan de ahorro para el retiro. En algunos casos, por cada dólar que aportes, la empresa iguala la cantidad. ¡Es como un bono doble! Este dinero es una excelente oportunidad para invertir.

Aprovecha al máximo tu 401K, especialmente si tu empleador hace una contribución igual. Considera abrir una cuenta de inversión con un corredor de bolsa de valores y utiliza esa cuenta para comenzar a ahorrar. Obtendrás un rendimiento superior al de un banco tradicional. A medida que vayas acumulando fondos, destina una parte de ellos a nuevas inversiones. No dejes que tu tiempo se transforme solo en dinero sin que ese dinero trabaje para ti.

Recuerda, nunca eres demasiado joven para comenzar. El tiempo avanza rápidamente, y antes de lo que imaginas, podrías encontrarte cerca de los 60 años, con deudas y sin ahorros. Esa no es la forma de vivir. Cuanto antes logres alcanzar la independencia financiera, más libre serás para disfrutar de la vida y vivir el destino para el cual fuiste creado.

Comprar, no alquilar.

Si es posible, considera la opción de comprar tu casa en lugar de alquilar. Crecí en Nueva York, donde los precios de viviendas parecían inalcanzables, y nunca imaginé que sería una opción viable. Te recomiendo lo siguiente, comienza con algo pequeño. Quizá un modesto condominio en otro estado, que te permita dar tus primeros pasos en la compra de propiedad. Deja que esta propiedad genere dinero. Planifica tu siguiente compra con visión al futuro, y avanza paso a paso. No te excedas de lo que puedes manejar. El estrés de asumir más de lo que puedes manejar es innecesario, y puede poner en peligro tu capacidad de disfrutar lo que tienes en el presente, mientras trabajas en tus planes para el futuro.

La propiedad te brinda la oportunidad de generar capital, algo que el alquilar no te puede ofrecer. Aprovecha los momentos en los que los precios estén bajos y adquiere propiedades cuando las condiciones sean favorables. Con el tiempo, los precios subirán, lo que te permitirá vender a un precio más alto y utilizar esa apreciación para dar el siguiente paso en tu camino hacia la creación de riqueza.

Consigue un asesor financiero

Lo primero es esencial: evita contratar a un asesor que sea únicamente un vendedor de productos financieros. Hay muchos de estos asesores y ellos trabajan por comisión, con lo cual puedes tener sus propios intereses por delante de los tuyos. Busca un profesional que realmente se comprometa a ayudarte a alcanzar tus metas financieras, idealmente uno que no esté vinculado a ninguna agencia de valores y que solo reciba compensación si tu portafolio crece. Las cooperativas de crédito ofrecen asesores que, generalmente, no están atados a ninguna entidad de inversión, lo que te permitirá tener más opciones para gestionar tu portafolio. Asegúrate de que, en esta relación, ambas partes asuman responsabilidad de manera mutua.

Es importante comenzar temprano, tan pronto como ingreses al mundo laboral. Puede que te preguntes: "¿Para qué necesito un asesor si aún no tengo dinero?" La respuesta es simple: empieza desde donde estás. El mejor consejo que puedo ofrecerte es ser diligente con tu dinero y evitar caer en la trampa de las deudas. Incluso si empiezas ahorrando solo $25 cada vez que recibas tu pago, te sorprenderá de cuánto habrás acumulado en un año. Una vez que hayas comenzado, es el momento de planificar.

Define tus metas. Imagínate que tienes todo el dinero que necesitas a tu disposición: ¿qué harías? Escribe tus metas, Pon fechas para alcanzarlas y asigna montos específicos a cada una. Reflexiona sobre lo que ganarás al lograr esas metas y, si alguna de ellas no se ajusta a tus valores fundamentales, elimínala de su lista. Asegúrate de que estás dispuesto a invertir tu tiempo y/o dinero en cada meta que te hayas planteado. En su libro *Live Rich, Stay Wealthy,* Kenneth Himmler detalla los tipos de metas que puedes establecer para crear una base sólida en tu camino financiero. Esto puede incluir cosas como pagar deudas, educar a los hijos, comprar una casa o ir de vacaciones.

El dinero en el sistema de Dios

No hay manera de cubrir el tema del dinero en un pequeño capítulo como este. La poca información que he incluido aquí ni siquiera comienza a abarcar la complejidad del dinero. Sé que lo que he presentado es demasiado simplista. Es solo un lugar para comenzar con algunos conceptos básicos. Hay una gran variedad de libros sobre el dinero escritos por personas que saben muchísimo más sobre el tema que yo. Lee y aprende. Valdrá la pena.

Curiosamente, nunca imaginé que Dios tuviera algo que decir sobre el dinero. De hecho, me sorprendí al saber que la Biblia habla de este tema más de 800 veces. Creía que la Biblia solo se limitaba a asuntos espirituales, no a cuestiones prácticas. Estaba equivocada.

¿Por qué?

Había pasado por el programa de *Paz Financiera* de Dave Ramsey y, de hecho, había enseñado el material en varios grupos pequeños y en uno muy grande en la iglesia. Requirió una gran disciplina, pero en mi caso, como de muchas otras personas, el programa dio excelentes resultados. Me felicité por haber seguido cada paso y haber alcanzado el éxito. Para mí, este programa tenía sentido porque era práctico y efectivo.

En mi continuo deseo por aprender más, decidí ordenar un paquete promocionado en televisión por *Faith Life Now Ministries.* Incluía algunos CD's de audio y un libro titulado *Money Mysteries from the Master* de Gary Keesee. Al ver la portada, no pude evitar pensar con escepticismo: "Sí, claro, esto me será de gran ayuda… ahora vamos a sobre espiritualizar el dinero". Supuse que sería otro libro que me conduciría por un camino confuso, repitiéndome conceptos básicos que ya conocía. Sin embargo, me detuve y pensé: *Voy a darle una oportunidad, ¿qué daño podría hacer? Tal vez incluso aprenda algo nuevo.*

En el libro, Keesee explica que la forma en que Dios maneja el dinero es diferente a la forma en que el mundo lo maneja. Es contraintuitivo y requiere fe y confianza. Sin embargo, es efectivo y no solo duplica, sino que multiplica. Es sobreabundante porque así es como es Dios. El dinero a la manera de Dios tiene algunos principios básicos:

1. **Tiempo de siembra y tiempo de cosecha**

   Para recibir con abundancia, primero hay que dar. Este es el fundamento del principio de siembra y cosecha. Lo que generalmente termina siendo más bien semilla... tiempo... cosecha. Es en ese intervalo, en la espera entre sembrar y cosechar, es donde muchos pierden su bendición, pues la impaciencia los lleva a rendirse antes de tiempo.

2. **Estrategia**

   Dios te dará una idea o estrategia única que te impulsará hacia adelante. El tesoro que busca es un don que Dios ya ha sembrado dentro de ti. Usa tus talentos.

3. **Tiempo**

   Debes prepararte. Cada paso que tomes te acercará más a tu meta. No importa cuán desafiante sea la lección ni cuán insignificante parezca el siguiente paso, sigue avanzando. Estás siendo moldeado para algo grande.

4. **Preparación**

   Debes prepararte. Cada paso que tomes te acercará más a tu meta. No importa cuán desafiante sea la lección ni cuán insignificante parezca el siguiente paso, sigue avanzando. Estás siendo moldeado para algo grande.

5. **Confianza**

Este camino hacia la libertad financiera no viene sin confiar en el plan divino de Dios. Confía en que tu libertad financiera está entrelazada con tu destino. Si el enemigo se da cuenta de lo que Dios tiene reservado para ti, prepárate para enfrentar oposición. Pero cuando llegues, no te detengas; sigue adelante. Al alcanzar tu destino, la gente se preguntará: "¿Cómo lo lograste?" El solo hecho de llegar será testimonio de la bondad de Dios y de las innumerables bendiciones que provienen de seguir Su camino. La recompensa final no es solo la libertad financiera, sino la capacidad de cumplir tu propósito y reclamar el territorio que te corresponde.

Aquí hay un punto clave: el enemigo ataca con mayor fuerza tu identidad porque sabe que, si logra debilitarte en este aspecto, puede paralizarte. ¿Por qué se enfoca en esto? Porque comprende que tu destino y tu éxito están profundamente ligados a una identidad firme. Cuando sabes quién eres en Dios, no hay límites para lo que puedes lograr.

6. **Obediencia**

   Es posible que recibas instrucciones que, a primera vista, no tengan ningún sentido. Podrías sentirte como la persona menos capacitada para llevar a cabo lo que Dios te está pidiendo. Pero recuerda: en tu debilidad, Él es fuerte. Obedece. Sigue las instrucciones, incluso cuando parezcan irracionales. Si lo haces, al final del camino te encontrarás como un verdadero campeón.

7. **Paciencia**

   Es posible que también estés en un período de largo entrenamiento. La paciencia será esencial. Habrá momentos en los que querrás rendirte un millón de veces. Pero no te rindas. Como solía decir mi antiguo pastor: Greg Powe: "La consistencia es la clave para la superación".

8. **Forma alianzas**

   Cuando vayas a sembrar, asegúrate de que estés sembrando en buena tierra. ¿Qué quiero decir con esto? Si decides dar tu dinero esperando un retorno sobre tu semilla, asegúrate de que el ministerio con el que te asocias comparte tus mismas creencias. ¿De qué sirve asociarse? La bendición que recae sobre un ministerio exitoso se derramará sobre ti porque ambos están en acuerdo. No siembres en un ministerio que no coincida con lo que crees, porque de lo contrario estarás desperdiciando tu dinero.

9. **Ganancia**

   Cuando David derrotó a Goliat, no se detuvo a hacer preguntas sobre Goliat, sino que preguntó qué se haría por el hombre que se encargara del problema. Esa es la pregunta que debes hacerte. ¿Cuál es la recompensa? La clave aquí es que David se centró en los asuntos de Dios, y luego Dios se encargó de David. Cuando te enfocas en lo que puedes hacer por Dios, lo cual está directamente vinculado a ayudar a los demás, podrás ver una gran ganancia en tu inversión.

10. **Dar solo en fe**

¡DETENTE! ¡ESTO ES IMPORTANTE!

Da solo en fe. Muchas personas dan por obligación, porque piensan que es lo que se supone que deben hacer. Otros dan porque es lo que la religión tradicional les ha enseñado. Algunos lo hacen porque han sido manipulados a hacerlo. Y otros lo ven como una fórmula: "Si doy, Dios me devolverá X". Pero recuerda esto: *"El poder de la unción de Dios fluye a través de la fe, no de fórmulas."*

Keesee, Gary. "El poder de la fe." *Money Mysteries from the Master,* Destiny Image Publishers, 2011, p. 180.

Una vez más, he simplificado demasiado aquí. Para comprender realmente estos conceptos, te recomiendo que leas el libro. Si deseas que las bendiciones sobrenaturales de Dios se derramen sobre tus habilidades naturales, aprender estos principios te proporcionará una nueva perspectiva que podría transformar radicalmente tu vida. Es una lectura esencial.

Optimizadores de vida:

1. **Usa el dinero como una herramienta.** Aprende todo lo que puedas sobre cómo utilizar el dinero, es una herramienta.

2. **Analiza a donde va tu dinero.** Si no sabes a donde va, se irá a todas partes y no a donde quieres que vaya. No lo gastes todo.

3. **Dale una misión a tu dinero.** Crea un presupuesto y cúmplelo. Crea un fondo de emergencia.

4. **Ahorra**. Comienza cuando eres joven. Si ahorras, siempre tendrás dinero cuando lo necesites. El interés compuesto y los ingresos residuales son tus mejores amigos.

5. **Haz que tu dinero trabaje para ti.** Inviértelo. Encuentra fuentes de ingresos residuales. Aprende todo lo que puedas sobre cómo crear y conservar la riqueza. Cuanto mayor sea el problema que resuelvas, mayor será la recompensa financiera que recibirás.

6. **Diviértete.**

Destructores de vida:

1. **No dejes que el dinero te controle.** El dinero te sirve a ti. Tu no sirves al dinero.

2. **La deuda.** Mantente alejado de ella. Te conviertes en esclavo de aquel a quien le debes dinero.

3. **No dejes que un mal uso del dinero arruine tu vida.** Satisfacer todos tus deseos puede perjudicarte. ¿Es un deseo o una necesidad? Decide antes de gastar el dinero.

4. **Envidia.**

Mantente en tu propio carril. Tu viaje es único y personal. No te compares a nadie. No mires hacia los lados, solo hacia arriba. ¿Qué quiero decirte con esto? Mira hacia donde vas. No te preocupes por lo que hacen los demás. Esa es su vida, no la tuya. Solo eres responsable de tu propio camino. En el momento en que comiences a comparar y desees lo que otra persona tiene, perderás tu enfoque. Este es tu momento, no el de ellos. Tu momento también llegará. Envidiar lo que otro posee es una forma segura de sumergirte en la miseria. Encuentra la manera de dejar tu huella en el mundo. Vale la pena repetirlo, Cuanto mayor sea el problema que resuelvas en el mundo con tus talentos, más dinero vendrá a ti. No te sirvas a ti mismo; sirve a los demás. No solo cosecharás una recompensa financiera, sino que también experimentarás la satisfacción de haber hecho de este mundo un lugar mejor para todos.

Mi Consejo de Madre:	Administra tu dinero con sabiduría, ahorra, invierte, evita la deuda y a la vez sé generoso
Punto Clave:	El dinero es una herramienta. Úsalo para bien. Envíalo a hacer lo que deseas. Hazlo crecer e invierte.
Principio Fundamental:	"Pues el amor al dinero es la raíz de toda clase de mal; y algunas personas, en su intenso deseo por el dinero, se han desviado de la fe verdadera y se han causado muchas heridas dolorosas." (1 Timoteo 6:10 NTV)
Recursos Recomendados: (La mayoría disponible en Amazon)	**Sobre dinero:** *Padre rico, padre pobre* de Robert Kiyosaki **Sobre dinero:** *Money: Master the game: 7 simple steps to financial freedom* de Tony Robbins (solo disponible en inglés) **Sobre dinero:** *Live Rich, Stay Wealthy* de Kenneth Himmler, Sr. (solo disponible en inglés) **Sobre dinero:** *Money Mysteries from the Master* de Gary Keesee (Una lectura crucial)
Programas Recomendados:	**Sobre dinero:** *Paz financiera* de Dave Ramsey **Sobre costos universitarios:** *Debt free degree* Anthony O'Neal-Ramsey Press (solo disponible en inglés)

Notas:

CAPÍTULO 9

Tiempo y Equilibrio

Pregunta: ¿Cómo paso mi tiempo?

¿Por qué ha de importarme? ¿Qué gano con esto? El tiempo sabiamente aprovechado es una vida plenamente vivida.

¿Por qué te estoy diciendo esto?

El tiempo es irreemplazable, es algo que no puedes recuperar, ni multiplicar. Una vez que pasa, desaparece para siempre. Es esencial que la manera en que empleas tu tiempo refleje tus verdaderas prioridades. Dedicar tu tiempo a lo que no tiene valor para ti es equivalente a regalar una parte de tu vida. Si la inversión de tu tiempo está vinculado a tus prioridades tendrán un impacto profundo y duradero, entonces tu vida, a su vez, también dejará una huella perdurable. Invierte bien tu tiempo.

El Trasfondo

Cuando estaba cambiando de carrera como periodista a reclutadora, trabajé para un hombre muy exitoso. Un hombre que alcanzó el éxito a pesar de sí mismo y podría haber alcanzado una grandeza aún mayor. Era brillante, enfocado y tenaz, pero también era desorganizado, carecía de integridad y, lamentablemente, no escuchaba a nadie. Ah, y también era alcohólico. Sin embargo, creo que, en el fondo tenía un buen corazón. Nadie es completamente bueno ni completamente malo. Vivía en una casa impresionante y manejaba un carro de último modelo, pero su endeudamiento era tan profundo que un solo error podría haberlo llevado a la ruina. Tenía una esposa hermosa y unos hijos encantadores. Y trajo a una niñera de Europa para cuidar a los chicos. Era una persona que aparentaba superar todo en la vida y eso era algo que me cautivaba profundamente. Jamás había un momento aburridor cuando él estaba cerca. Sin embargo, detrás de esa fachada, cargaba un dolor profundo en su corazón. Había perdido a un querido amigo en un bombardeo, y supongo que su alcoholismo se debía a esa herida que aún no sanaba. De hecho, le dio el nombre de su amigo a su primogénito, como si fuera homenaje perpetuo a su fallecido amigo. La verdadera tragedia radica en que, durante años, cargó con ese sufrimiento, un sufrimiento que intentó aliviar a través de placeres superficiales que nunca consiguieron llenar el vacío en su alma.

Es desgarrador ver a jóvenes con buenos corazones transformarse en hombres con corazones rotos y endurecidos. Tal vez pensó: "¿De qué sirve todo esto?" Un minuto tu vida va en una dirección, y al siguiente todo cambia. Supongo que intentó adormecer su dolor con momentos pasajeros, viviendo solo para el ahora. Lo triste es que, al hacer esto, pasó por alto las bendiciones que ya tenía en su vida. Contaba con una esposa que lo amaba y unos hijos que lo necesitaban. Mostraba preferencia por su hijo mayor, mientras que su otro hijo apenas recibía su atención. ¿Cuánto habría cambiado su vida si hubiera enfrentado su dolor de una forma más saludable? ¿Qué tan diferente habría sido todo si hubiese aplicado la misma disciplina que tenía en los negocios para construir una vida sólida para él y su familia?

Mientras tengas vida no la desperdicies lamentándote por lo que pudo haber sido. No me malinterpretes, no estoy restando importancia al dolor que sufrió por la pérdida de su querido amigo. Reconozco que fue muy doloroso. Lo que quiero transmitir es que no debes dejar que las sombras nublen las bendiciones que ya tienes. No malgastes tu vida en placeres fugaces que se desvanecen; dedica tu tiempo a lo que perdura, a una familia que te ama. Invierte en aquello que realmente suma valor a tu vida y a la de los demás.

Tiempo

No desperdicies el tiempo. Este es tu recurso más preciado. Siempre puedes hacer más dinero, pero nunca puedes hacer más tiempo. Las actividades que eliges son lo que intercambias por tu tiempo; elige sabiamente. Un minuto que pasa es un minuto que nunca recuperarás. No pierdas tu tiempo en sentirte como víctima, contemplando el odio, autodesprecio y venganza. De hecho, tampoco pierdas tu tiempo en procrastinación o pereza. Ninguna de estas cosas da frutos. Todas ellas te pueden llevar a la perdición. Dedica tu tiempo a amar, reír, aprender, dar; estas cosas dan frutos que perduran y mejoran la calidad de tu vida.

Una doctora que conozco estudió en Princeton y luego obtuvo su título médico en la Universidad de Tufts. Estoy segura que ella pudo haber elegido entre la biblioteca o una fiesta. Pero eligió la biblioteca muchas veces más en lugar de las fiestas. Hoy tiene una práctica muy exitosa. De hecho, es especialista en pediatría. Las decisiones que tomó ayer están haciendo una diferencia en la vida de muchos niños hoy. Eligió sabiamente y eso ha dado frutos no solo para ella, sino también para las vidas de los demás.

La forma en que eliges pasar tu tiempo hoy puede impactar a las generaciones futuras. Ejemplos famosos son personas como Henry Ford, Thomas Edison y Walt Disney. La forma en que estos hombres eligieron pasar su tiempo ha impactado innumerables vidas, pero también dejó un futuro para las generaciones de sus familias. Lo que puede parecer una elección insignificante en su momento realmente puede hacer toda la diferencia.

Esto no es para presionarte a ser perfecto todo el tiempo, sino para darte una palabra de aliento: aunque a veces sea difícil hacer la elección más excelente, al final valdrá la pena.

Conocí a una joven que tenía una madre alcohólica y un padre adicto a las drogas. A los 16 años quedó embarazada. Lo asombroso de ella es que su historia no estaba tomando el rumbo que todos podríamos imaginar. Fue milagroso y diferente. Cuando tuvo a su primer hijo, vivía con unos amigos y descubrió que estaban vendiendo drogas en el apartamento. La idea de que pudieran quitarle a su hijo por lo que estaba sucediendo a su alrededor fue tan repulsivo que se fue a vivir a su propio apartamento. Consiguió trabajo y decidió luchar por su familia. El padre del niño también dio un paso adelante y decidió hacerse cargo de su hijo. Juntos, de manera desinteresada, pusieron las necesidades de su hijo antes que las suyas. Mi propósito al compartir esto contigo es mostrarte que, incluso en las circunstancias más adversas, siempre tendrás la capacidad de hacer una mejor elección. Puedes optar por emplear tu tiempo de una manera que no solo transforme tu vida, sino también la de quienes te rodean. Al liberar tu mente del peso del pasado, tienes la oportunidad de vivir plenamente en el presente y dejar un legado significativo para el futuro.

Uso práctico de tu tiempo

Vive de manera intencional. Dedica tu tiempo a las cosas que tienen valor. Dedica tu tiempo a las cosas que apoyan tus metas. Cuando intentas concentrarte para pasar un examen importante de la escuela o cuando tratas de terminar ese importante plan de negocios, algo tan insignificante como el sonido de un teléfono puede convertirse en una distracción destructiva, robándote tiempo. Las distracciones siempre estarán presentes, pero es esencial que mantengas tu enfoque y no te dejes desviar por ellas. Cuando comencé mi carrera, mi empleador me hizo tomar un seminario sobre el *Manejo del Tiempo* de Franklin Covey. En ese momento, pensé: qué desperdicio de tiempo. No necesitaba que nadie me dijera cómo manejar mi tiempo; siempre fui una persona muy organizada, con listas de tareas por hacer. ¿Para qué necesitaba esto? Sin embargo, como suele ocurrir, más tarde comprendí que debí haber estado más abierta a aprender. Con el tiempo, cuando ya no era solo una mujer soltera centrada en mi carrera, sino esposa, madre, gerente de negocios y escritora, me di cuenta de que debía hacer un uso más eficiente de mi tiempo. Tuve que reevaluar mi sistema de valores, reflexionar sobre mi misión en las distintas áreas de mi vida y, sobre todo, aprender a gestionar mi tiempo. Espero que no cometas el mismo error que yo. Te recomiendo leer o escuchar el audiolibro de Stephen Covey, *Los 7 hábitos de la gente altamente efectiva.* Si puedes evitar los obstáculos, te sugiero que lo hagas.

Comenzar temprano en la vida con una visión clara de tus metas para tu vida personal, carrera, finanzas, crecimiento espiritual y legado hará que tu camino sea mucho menos frustrante. Te brindará una vida más plena y te colocará por delante en el camino hacia el éxito. Dios dice que hay solo dos cosas que son eternas: Su palabra y las personas. Guía tus prioridades por lo que es eterno. ¡No malgastes tu tiempo!

Diviértete

Tienes plena libertad a vivir una vida feliz. La vida no es completa sin momentos de diversión. Una vida exitosa no solo se mide por logros, sino por ser íntegro, estar pleno, sin vacíos, ni fracturas. Alcanzar esa plenitud es difícil si no tomas el tiempo necesario para recargar energías. No te conviertas en una persona adicta al trabajo que se olvida de sí mismo y de las personas que realmente importan en su vida. Como madre, sé lo desafiante que puede ser encontrar tiempo para uno mismo. He aprendido que, si no me concedo momentos de relajación, me estanco y me frustro. Nadie se beneficia de mí si mi vida está desequilibrada. El equilibrio es esencial. Hay un momento para todo en la vida; como dice la Biblia, "Un tiempo para llorar y un tiempo para reír. Un tiempo para entristecerse y un tiempo para bailar" (Eclesiastés 3:4 NTV). No te quedes atrapado en ninguno de esos extremos por demasiado tiempo. Disfrutar de la vida es vital para tu salud y bienestar mental, pero asegúrate de que no se convierta en un escape. Algunas personas lo usan para huir del dolor o las responsabilidades, o incluso para evitar el crecimiento personal. Esconderse en la diversión tiene un costo elevado: tiempo perdido y una visión distorsionada de lo que realmente importa en la vida. La madurez, por el contrario, te otorga la fortaleza necesaria para vivir plenamente. Te brinda lo que necesitas para una vida satisfactoria. Viaja, haz deporte, pasa tiempo con amigos, descansa en la playa, asiste a eventos, explora nuevas experiencias; lo esencial es mantenerte abierto a la vida y a sus infinitas posibilidades. No dejes que tu mundo se vuelva demasiado pequeño.

Equilibrio

Equilibrio, una palabra tan sencilla, pero que puede presentar un desafío monumental. Mantener el equilibrio exige tomar decisiones acertadas, pero el verdadero reto radica en que, a veces, no sabemos cuál es la decisión más sabia. Mi mejor consejo es evitar caer en los extremos, ya que estos tienen el poder de desequilibrarnos. Cada elección que hagas puede impulsarte hacia adelante o frenarte. Al considerar cómo equilibrar el trabajo, las relaciones, el ocio o cualquier otro aspecto de tu vida, es importante reflexionar antes de actuar. No tomes decisiones impulsivas. Pregúntate: "¿Cómo afectará esta decisión el rumbo de mi vida y el de mi familia?" Si lo que eliges abre nuevas oportunidades en lugar de crear obstáculos, es probable que estés en el camino correcto.

Optimizadores de vida:

Construye márgenes en tu vida. Aquí te dejo algunos consejos que creo que pueden ayudar:

1. Llega siempre 15 minutos antes a todas tus citas. Te ayudará a pasar el día sin estrés.

2. Dedica tu enfoque a un solo proyecto importante a la vez. Intentar hacer demasiadas cosas simultáneamente solo genera caos y dificulta el logro de cualquier objetivo.

3. La Matriz del Tiempo de Franklin Covey es una herramienta de gestión del tiempo que ayuda a las personas a priorizar tareas según su urgencia e importancia. Dividida en cuatro cuadrantes, la matriz permite clasificar actividades para enfocarse en lo que realmente aporta valor, evitando distracciones y la sobrecarga de tareas urgentes, pero no esenciales. Al aplicar este método, se puede mejorar la productividad, reducir el estrés y dedicar más tiempo a objetivos estratégicos y crecimiento personal. Quédate en el cuadrante #2 la mayoría del tiempo.

4. Encuentra tiempo para descansar.

	URGENTE	NO URGENTE
IMPORTANTE	**Q1 NECESIDADES** Crisis Reuniones de emergencia Fechas limites Problema apremiante Eventos imprevistos	**Q2 EFICACIA** Tabajo proactivo Objectivos claros Pensamiento creativo Planeamiento y prevención Construcción de relaciones Aprendizaje y renovación Recreación
NO IMPORTANTE	**Q3 DISTRACCIONES** Interrupciones innecesarias Reportes innecesarios Reuniones irrelevantes Problemas menores de los demás, correos electrónicos sin importancia, tareas, llamadas telefónicas, publicaciones en redes sociales, etc.	**Q4 DESPERDICIO** Trabajo sin importancia Dilación Relajación excesiva Televisión Juegos de video Perdedores de tiempo, chismes

Covey, Stephen. Franklin Covey. 2025,
https://franklincovey.com.uy/como-gestionar-tu-tiempo/.
Accedido el 9 de marzo de 2025.

Destructores de vida:

1. **Llegar tarde** — Perderás oportunidades si llegas tarde. Llegar temprano es llegar a tiempo. Llegar a tiempo es llegar tarde, y llegar tarde nunca se hace.
2. **Comprometerse en exceso** — No asumas más de lo que puedes manejar.

3. **Ir por el camino equivocado** – Asegúrate de llevar una vida de significado.
4. **Perder el tiempo** – No malgastes tu tiempo en cosas que no importan.

Mi Consejo de Madre:	No malgastes el tiempo. Nunca recuperarás el tiempo perdido. Vive con intención, con tus metas en mente. Asegúrate de usar tu tiempo sabiamente para construir una vida satisfactoria y significativa.
Punto Clave:	El tiempo es valioso, úsalo sabiamente
Principio Fundamental:	"Hay una temporada para todo, un tiempo para cada actividad bajo el cielo." (Eclesiastés 3:1 NTV)
Recursos Recomendados: (La mayoría disponible en Amazon)	**Sobre manejo del tiempo:** *Los 7 hábitos de la gente altamente efectiva* de Stephen Covey **Sobre el manejo del tiempo:** *¡Tráguese ese sapo!: 21 estrategias para tomar decisiones rápidas y mejorar su eficacia profesional* de Brian Tracy

¿Por qué?

Notas:

Capítulo 10

Dios

Pregunta: ¿Por qué Dios?

¿Por qué ha de importarme? ¿Qué gano con esto? Conectarte con la fuente más poderosa del universo te dará alas para volar.

¿Por qué te estoy contando esto?

Quiero lo mejor para ti. Como madre, desearía poder estar siempre aquí para ti. Sin embargo, sé que mi tiempo en la tierra es limitado. La única persona en quien sé que puedes confiar tu vida es Dios. Lo conozco íntimamente como un ser amoroso y bondadoso. Sé que Él velará por tu bienestar. Siempre está presente, incluso cuando le das la espalda. Te espera con los brazos amorosos de un padre, listo para abrazarte y darte la bienvenida a casa. Listo para consentirte y darte lo mejor. Listo para escucharte. Ha sido mi amigo, mi padre, mi protector, mi proveedor, mi guía y mucho más. Sé que, si abres tu corazón a Dios, Él puede convertirse en todo lo que necesitas.

El Trasfondo

Mi primer recuerdo de Dios fue cuando tenía alrededor de 5 años. Vivía en Puerto Rico, en una modesta casa de madera con un techo de zinc. Recuerdo que, por las noches, mi madre me pedía que me arrodillara en el dormitorio y juntas orábamos. No recuerdo ninguna de las oraciones. Solo recuerdo ese momento porque me enseñó que había alguien más grande que yo, a quien recurrir cuando necesitara ayuda. El recuerdo más hermoso que tengo de Dios fue cuando de niña, iba a la escuela dominical. No nos reuníamos en una iglesia. Nos sentábamos en el patio de la casa de una señora. Su casa estaba en lo alto de una colina. Cada uno de los niños se sentaban en el suelo y ella nos hablaba de Dios. Después, nos ofrecía galletas y chocolate caliente, lo cual, honestamente, creo que era mi parte favorita. Creo que la razón por la cual ese recuerdo permanece tan claro en mi mente es porque sentí una paz y alegría pura. Era un día soleado y todos estábamos juntos, jugando y riendo libremente. Creo que así es como Dios quiere ver a sus hijos: sencillamente, felices. Se dice que Dios es amor. El amor en acción es definitivamente un reflejo del amor de Dios. El tiempo que mi mamá dedicó a enseñarme a orar y el tiempo que esa señora invirtió en nosotros los niños es una de las mayores razones por las que aún busco a Dios hoy. Poco después, nos mudamos de Puerto Rico a Nueva York. Comenzamos a asistir a una iglesia católica. Recuerdo sentarme con un vestido esponjoso, medias blancas y zapatos de charol negro, quedándome dormida en un banco de madera incómodo. Pasé muchos años sentada en un banco incómodo y realmente nunca llegué a conocer mejor a Dios. Tenía una idea de quién era Dios, pero nunca lo conocí profundamente. Un día, cuando ya era una joven adulta, recuerdo estar en la iglesia, orando a Dios, diciéndole: "Señor, dime por favor que tú no te reduces solo a un montón de ritos. Como es posible que salga de la iglesia tan vacía como entre" Poco sabía yo que Dios cumpliría una promesa en la Biblia que dice:

"Si a alguno de ustedes le falta sabiduría, pídasela a Dios y él se la dará, pues Dios da a todos generosamente sin menospreciar a nadie." (Santiago 1:5 NVI).

Bueno, no sucedió de la noche a la mañana. Tardo tres años. Mi jornada no fue para desalentarme sino para darme fuerzas. Nunca tengo que pensar si Dios está prestando atención o llevándome hacia el camino correcto. Para ese entonces Me había mudado de Nueva York a Atlanta. Fue en la iglesia World Changers

Church International done comencé a recibir respuestas a mi oración. El Pastor enseño exactamente lo que hay en el corazón de Dios. Créeme o no, eso es exactamente lo que la Biblia es: una documentación escrita del corazón de Dios para la humanidad. Cuando comencé a aprender sobre Dios y realmente llegué a conocerlo, fue revolucionario. La idea de que Él estaba activo y vivo estremeció mi mundo. Me asombra pensar que todo comenzó con una simple pregunta: "Muéstrame dónde estás," y finalmente lo encontré de una manera tan extraña, después de una conversación en un estacionamiento de automóviles. Mantén los ojos abiertos; nunca sabes cómo ni a través de quién Él elegirá darse a conocer. Todavía me inspira hoy la manera en que Dios cumplió su palabra conmigo y estoy tan agradecida por esa persona fiel que tuvo el valor de hablarme sobre Dios sin avergonzarse. Si él no lo hubiera hecho, tal vez seguiría buscando o, lo peor, habría renunciado a encontrarlo.

Una cosa que debes recordar por encima de todo es que necesitas entender el amor de Dios por ti. Todo lo demás caerá en su lugar y tendrá sentido cuando realmente comprendas Su amor. Ten la seguridad de que, así como te estoy diciendo esto, habrá burladores: otras personas, medios de comunicación o algunas otras fuentes que dirán que lo que te estoy diciendo es solo un cuento. Recuerda que esto es normal y simplemente otro obstáculo en tu camino para encontrar a Dios. No pienses que, una vez que decidas buscar a Dios, vas a tener una experiencia espectacular. Por eso te animo a que nunca te rindas. Y no quiero sonar como si fuera una persona New Era ni sonar como si fuera un poco extraña (lo cual quizás ya piensas que soy), pero Dios está en todas partes. Es necesario abrirte a tu Creador y a su maravillosa creación. El poder impresionante de Dios se puede encontrar al mirar el mundo que te rodea; al mirar la naturaleza y el equilibrio del universo. Viéndolo desde un punto de vista científico, solo considera tu propio cuerpo humano y cómo la ciencia no entiende cómo funciona del todo. ¿Por qué siguen existiendo tantas preguntas sin respuesta? Porque Dios es Dios y no podemos tratar de hacernos como Él. No podemos tratar de darle sentido a todo sin Él. Lo sé, lo he intentado muchas veces, pero no ha funcionado. Solo he gastado mucha energía y me he frustrado mucho. Y aun cuando caminas con Dios, debes darte cuenta de que no todas tus preguntas serán respondidas. Dios nunca revela todo su plan de una vez. Te lleva paso a paso

"Las enseñanzas del Señor son perfectas; reavivan el alma.

Los decretos del Señor son confiables; hacen sabio al sencillo."
(Salmo 19:7 NTV).

Hay cosas que han sucedido en mi vida que, más adelante, pude entender por qué Dios permitió que sucedieran de esa manera. El ejemplo más claro para mí fue mi padre biológico. Él no estuvo presente; se alejó cuando yo era muy pequeña y nunca hizo el esfuerzo de conocerme. De hecho, la única razón por la que siquiera supe de su existencia fue porque mi mamá me mandaba a Puerto Rico y organizaba para que me reuniera con él. Siempre me cuestionaba por qué a él no parecía interesarle conocerme profundamente. Solía pensar que sus otros hijos tenían una vida mejor que la mía, ya que vivían bajo el mismo techo con él. Sin embargo, con el tiempo me di cuenta de que yo era la afortunada, pues contaba con un padrastro maravilloso que estuvo siempre a mi lado. A lo largo de mi vida, la única figura masculina constante ha sido él. Mi verdadero papá. Pensaba: *¿Cuál es el propósito de tener un padre que está físicamente presente, pero emocionalmente ausente?* Eso fue lo que experimentaron mis hermanos y hermanas. De alguna manera, siempre creemos que estamos siendo privados de algún privilegio, pero en realidad, Dios está siendo amoroso y lleno de gracia. No tomo a la ligera la bendición de haber tenido a mi padrastro junto a mí, porque él podría haber estado en cualquier otro lugar, pero decidió quedarse con mi mamá y conmigo.

Cuando buscas a Dios

El amor de Dios puede parecer una fantasía. Para muchas personas, experimentar el amor de Dios ni siquiera es algo que esperan. Muchos creen que hay un Dios, pero no lo consideran un Dios vivo, activo y presente en cada detalle de sus vidas. Sin una revelación del amor de Dios por ti, es difícil tener fe. Hasta que no tengas una convicción profunda del amor de Dios por ti, hasta que no lo sientas en cada poro de tu cuerpo, es difícil creerle a Dios. Tal vez me digas: "Bueno, es muy bonito que me digas esto, gracias por compartirlo, pero ¿cómo hago para que eso sea una realidad para mí?" Lo primero que debes hacer es buscarlo. Nunca te rindas en tener una relación personal profunda con Dios.

La mayoría de la gente piensa que el lugar obvio para encontrar a Dios es en una iglesia. Pero como solía decir mi abuela, "Dios te encuentra dondequiera que estés." Esto no es una fantasía, es una realidad. Dios puede encontrarte en tu soledad, en tu desesperación, en tu depresión donde sea que te encuentres. Él vino a encontrarme en un estacionamiento de automóviles.

Relación con Dios vs. religión

La religión dice: sigue las reglas o serás castigado. Dios dice: sígueme y te mostraré un camino lleno de vida.

Dios y religión son dos cosas diferentes. Como tantas otras cosas que se han sido distorsionadas, esta es una de ellas. La religión dice: sigue las reglas o serás castigado. Dios dice: sígueme y te mostraré un camino lleno de vida. Muchas personas han tenido la religión impuesta sobre ellos. Desafortunadamente, en lugar de recibir un mensaje de esperanza, muchos de nosotros hemos sido víctimas de una versión exageradamente estrecha. Muchos de nosotros hemos tenido la experiencia con ese miembro de la familia que solo quiere agarrarte del cabello, golpearte en la cabeza con una Biblia y arrastrarte a la iglesia.

¡Qué cosa más absurda! Yo entiendo lo que es eso. "El enfoque ha sido equivocado, a pesar de que la intención haya sido noble. A veces, el entusiasmo por compartir la gran noticia de la libertad ha sido empañada por un equipo de entrega deficiente. Sin embargo, Dios no es así, Él es un caballero. Siempre se acerca a nosotros con ternura y verdad. Sus caminos son claros, pero siempre nos concede la libertad de elegir." ¿Cómo debe entregarse el mensaje? Debemos hacer lo que Jesús hacía. Debemos vivir con integridad y ser una luz en el mundo. Debemos ser la personificación del amor, la paciencia y la comprensión. Mostrando amor y no juicio. Debemos estar dispuestos a estar disponibles y perdurar, porque no todos estarán listos para Dios al mismo tiempo. Entonces, si hay alguien que se está lamentando por no estar listo, la respuesta debería ser, como dice Dios, que para todo hay un tiempo y una temporada. Es vital que estés en sintonía con Dios y su tiempo.

Muchas personas han experimentado profundas heridas, sean estas emocionales, físicas o incluso traumas tan desgarradores como la violación y el abuso. Con frecuencia, estas ofensas provienen precisamente de quienes deberían habernos cuidado y protegido. Y surge entonces la pregunta inevitable: ¿dónde estaba Dios cuando todo esto sucedía? Con el tiempo, he llegado a comprender que el enemigo es, ante todo, un oportunista que se aprovecha de nuestra vulnerabilidad para causar el mayor dolor posible. Y hasta utiliza el dolor de uno para infligir daño a otros. Lamentablemente, en muchos casos, la víctima del abuso termina cargando con el amargo peso del agresor. ¿A que me refiero? Es una cadena. La negligencia de quien fracasó al agresor termina manifestándose en una agresión contra una víctima inocente. La indiferencia o descuido de una sola persona puede desatar una cadena de sufrimiento y tragedia. Y es entonces cuando el enemigo, siempre atento a nuestras debilidades, aprovecha ese instante para darnos un golpe aún más cruel.

Entonces, ¿dónde está Dios? La verdad es esta: Él no interfiere con el libre albedrío humano, porque hacerlo iría en contra de su propia naturaleza. No fuerza ni impone su voluntad sobre nadie. Sin embargo, siempre está presente, dispuesto a sostenernos y brindarnos consuelo en medio del dolor. Y aunque entiendo que esta respuesta puede no ser suficiente para muchos, yo he elegido creer que es mejor contar con su presencia que enfrentar el sufrimiento completamente sola.

También decidí que era inútil enojarme con la única persona que podría ayudarme. Dejé que Dios entrara en mi vida y lo vi sanar mis heridas, restaurar mi fe, darme confianza y mantenerme a salvo. Entonces, ¿a mí me funcionó, ¿verdad? ¿Qué me hace tan segura de que funcionará para ti? Lo que sé con certeza es que el amor de Dios no hace distinciones.

Dios es difícil de explicar, pero si pudiera hacer una comparación, diría que Él es como una hoja de música. Cuando miro una partitura, no entiendo todos los símbolos y cometo errores con las notas. Pero para un músico entrenado, todo tiene sentido perfecto. El músico escucha la música de una manera completamente diferente a la mía; simplemente entiende ese lenguaje. Cuando comienzas a practicar la palabra de Dios, es como si los símbolos, las claves y las notas se volvieran más claros y se revelara algo nuevo que Dios quiere mostrarte, lo que eventualmente pone una nueva canción en tu corazón. El viaje de cada uno es único, y es importante que lo hagas tuyo. Cuando leas esto, tal vez no signifique mucho, pero con el tiempo, a medida que experimentes todo lo que Él tiene para ofrecer, esas experiencias serán tan individuales como tú. Si te digo que Dios sana, será una experiencia completamente diferente para ti de lo que ha sido para mí o para cualquier otra persona. Quiero que lo tengas como una herencia cuando me haya ido, porque Él nunca te dejará. Él estará a tu lado siempre.

¿Por qué debería confiar en Dios?

Amar a Dios y confiar en Dios son dos cosas diferentes. Hubo un tiempo en que sabía que amaba a Dios, pero simplemente no confiaba en Él. Muchas cosas malas me sucedieron cuando era joven. Estaba muy enojada con Dios. Le pregunté a Dios: "¿Dónde estabas cuando yo sufría?" Tú también harás la misma pregunta. Todos lo hacemos. Me di cuenta de que no era Dios quien me traía esta o aquella tragedia. Me di cuenta de que era el enemigo el que venía a "robar, matar y destruir". (Juan 10:10 NVI) Era el mal tratando de aplastarme, reduciéndome a nada, para arrebatarme mi derecho a una vida en paz. Cosas que inicialmente vi como pérdidas, luego me di cuenta de que en realidad era Dios protegiéndome. Es difícil confiar en Dios si no lo conoces. Aunque estuve sentada en la iglesia durante más de 30 años, nunca lo conocí. Cuando me convertí en una cristiana, Dios me dio un nuevo comienzo. Borró todo el pasado y me dio un nuevo inicio. Vino a vivir dentro de mí, para ayudarme. Fue mi primer paso para conocerlo y fue entonces cuando mis ojos se abrieron para ver realmente lo que Dios había hecho por mí. Dios dice:

"Pues yo sé los planes que tengo para ustedes—dice el Señor—. Son planes para lo bueno y no para lo malo, para darles un futuro y una esperanza."

(Jeremías 29:11 NTV)

Confíale a Dios tu destino. ¿Por qué hacerlo? Porque, en última instancia, es el camino más sabio y seguro. ¿Cómo puedo decirlo con tanta certeza? Simplemente prueba el camino sin Él y luego con Él, y descubrirás que, aunque enfrentes desafíos, el camino junto a Él es infinitamente mejor. Escribo esto para recordarte que Dios ha dejado un sinfín de promesas para tu bien. Depende de ti embarcarte en la travesía para encontrarlas. ¿A dónde vas? Vas a la palabra de Dios, ¿es tan simple como eso? Sí. Pero aquí está la clave; tienes que recibir una revelación del amor de Dios antes de que puedas hacer que cualquiera de esas promesas sea tuya. Tienes que saber en tu corazón, no solo en tu mente, que las promesas son específicamente para ti. Y la única manera de llegar allí es estudiando el amor de Dios y recordando todas las veces que Él ha estado a tu lado para ayudarte. Solo de esta manera puedes tener la confianza para confiar en Él. A medida que avanzas, descubrirás que surgirán obstáculos en el camino. Pero todo lo que realmente vale la pena exige esfuerzo. La libertad tiene un precio. ¿Por qué los obstáculos?

Los obstáculos pueden desanimarte, pero también te pueden hacer más fuerte.

Es verdad, los obstáculos pueden desanimarte, pero también te pueden hacer más fuerte. Tómalos como una oportunidad para aprender una valiosa lección que será útil para tu vida.

"Estas pruebas demostrarán que su fe es auténtica. Está siendo probada de la misma manera que el fuego prueba y purifica el oro, aunque la fe de ustedes es mucho más preciosa que el mismo oro. Entonces su fe, al permanecer firme en tantas pruebas, les traerá mucha alabanza, gloria y honra en el día que Jesucristo sea revelado a todo el mundo."

(1 Pedro1:7 NTV)

Todos deseamos felicidad y libertad, y Dios te ofrece esto y mucho más. Pero, ¿crees que el enemigo (el mal, las fuerzas oscuras, el diablo) simplemente se rendirá? No, él luchará en contra de ti. ¿Por qué? Porque su objetivo es convencerte de que no hay un Dios, que todo esto es solo una fantasía, no estoy hablando de reglas y regulaciones. La religión es un amo cruel, pero en una relación con Jesús hay verdadera libertad. Él dice: Porque te doy mi poder y vivo dentro de ti, solo querrás hacer el bien. Cosas que no solo te bendicen a ti, sino que también marcan una diferencia en la vida de los demás. A medida que tú prosperas, otros también prosperan.

No te engañes: naciste en este preciso momento porque se te ha dado divinamente la capacidad de enfrentar los desafíos de esta era. Con esa capacidad, puedes crear tu propio destino y dejar una huella en el mundo. Puedes ser un embajador de Cristo, reflejando la luz de Dios que habita en ti, dando esperanza a las personas para un presente mejor. Y, lo más importante, puedes infundir a los demás el mismo entusiasmo por la vida que tú mismo sientes.

Los oradores motivacionales y entrenadores te enseñarán a desviar tu mente del problema y a transformar tu forma de pensar. Esto es precisamente lo que Dios nos enseña. No te quedes atrapado en los mismos patrones de pensamiento. No te subestimes. Si deseas tener éxito en cualquier área de tu vida, debes transformar tu forma de pensar. Un consejo común de los entrenadores motivacionales es empezar a hacer aquello que siempre has querido hacer. Hazlo hoy, no lo dejes para mañana. Al seguir estos pasos, comienzas el camino hacia tu destino.

Cuando verdaderamente sigues los deseos más profundos de tu corazón y los vives, no puedes evitar sentirte pleno.

Entonces, ¿por qué no simplemente escuchar algunos archivos de audio motivacionales y seguir los consejos de los entrenadores? Muchos de ellos han experimentado personalmente lo que es vivir una vida derrotada y cómo darle la vuelta. Ofrecen consejos valiosos. Sin embargo, la diferencia al tener a Dios a tu lado es que no tienes que hacerlo solo con tus fuerzas. Puedes superar los desafíos más rápidamente con la sabiduría de Dios en vez de confiar solo en la tuya. A medida que tomas acción para acercarte a Dios, Él se acerca a ti. Al hacer tu parte, Él te encontrará a donde te encuentres y te ayudará en tus debilidades. El no exige que llegues perfecto y pulido. Él te acepta tal como eres. Es un baile hermoso y dinámico: seguir Su guía y, al mismo tiempo, aportar tu propia personalidad a todo lo que construyen juntos.

No juzgues a Dios por lo que hacen las personas

Las personas son imperfectas. Cometen errores, y a veces dicen y hacen cosas de las que luego se arrepienten. Es increíblemente lamentable tener que decirlo, pero a veces los cristianos no actúan conforme a la voluntad de Dios. Como consecuencia, le dan a Dios una mala reputación. Las mismas personas que deberían mostrar compasión, amor y comprensión, son las primeras en juzgar. Por eso, muchos rechazan a los cristianos, y no puedo culparlos. Yo también llegué a sentir lo mismo. No quería ser como ellos. Me decía que, si no podía ser genuina, no quería ser parte de eso. Se han cometido tantas injusticias en nombre de la religión. Yo no quiero religión, quiero una relación cercana y personal con Dios.

A veces, el precio que debes pagar para acercarte a Dios es superar a aquellos que se interponen en tu camino. No te estoy diciendo que toleres las necedades de los demás, sino que busques una iglesia donde puedas conocerlo mejor. He tenido la suerte de ser parte de iglesias que se centraban en la palabra de Dios y que acogían a todos, sin excepción. Procura conseguir una iglesia aportadora de vida. No esperes perfección. Siempre que tenemos expectativas, las personas nos decepcionan. Eso es un hecho. La razón es simple: nadie es perfecto y no siempre pueden actuar a la perfección. No dejes que nadie, ni nada, se interponga en tu relación con Dios. Hay tanto que Él quiere ofrecerte.

¿Alguna vez has estado conduciendo, te has distraído por un momento y terminaste en un accidente? El enemigo quiere desviar tu mirada de Dios, distraerte con todo lo que te rodea hasta que te estrelles. Cuando eso suceda, el enemigo desaparecerá, se reirá de ti y te dejará en tu desastre. Pero Dios estará ahí para sanarte y amarte.

¿Realmente me ama Dios?

"Pues el Señor tu Dios vive en medio de ti.
Él es un poderoso salvador.
Se deleitará en ti con alegría.
Con su amor calmará todos tus temores.
Se gozará por ti con cantos de alegría.

(Sofonías 3:17 NTV)

Cuando vi este versículo por primera vez, lo único que pude decir fue "Guau". "¿Por qué alguien querría hacer eso por mí? ¿Quién ama de esa manera tan profunda?" Solo por un minuto me permití creer que tal vez podría ser verdad. ¿Y si realmente lo que dice lo dice en serio? Me dejo boquiabierta. Empecé a pensar, ¿realmente lo conozco? ¿Quién es este Dios? ¿Qué quiere Él de mí? ¿Cómo sería esta relación? En la vida, rara vez tienes a alguien que venga a ti dispuesto a darte tanto sin esperar nada de ti. Al final, descubrí que todo lo que Él quería era estar conmigo. Solo estar conmigo. Hablar conmigo. Ser mi amigo. Un amigo muy poderoso que puede hacer por mí lo que nadie más puede.

Un día, me sentía desanimada y llame a una amiga pidiéndole que orara por mí. Le pedí que orara para que yo pudiera sentir gozo en mi vida. Le oré al Señor y le pedí que me diera una señal. Más tarde ese día, fui a una reunión trimestral de la iglesia. Tuvimos una cena y sortearon algunos regalos y otros objetos. Antes de leer los números en los boletos de rifa, la presentadora decía lo que se estaba sorteando. Había mucho ruido en la sala, así que no pude escuchar lo que era. Se llamó mi número y cuando llegué al frente de la sala, no podía creer lo que había ganado. Lo sorprendente no fue solo ganar el premio, sino el mensaje y lo atento que es Dios con nuestras oraciones. Justo cuando piensas que quizás Dios no te está escuchando, Él te envía una señal, en mi caso, fue literalmente un rótulo que decía "El gozo del Señor es su fortaleza" (Nehemías 8:10 NVI). ¿Cuáles son las probabilidades de que algo así suceda? ¿Sería una casualidad? Había estado leyendo ese mismo versículo más temprano esa mañana. Mira lo lindo que es Él. Dios se presentó en ese momento y lo ha vuelto a hacer en muchas otras ocasiones.

Dale una oportunidad a Dios. Él no te decepcionará.

Cuando mi abuela falleció, estuve destrozada. Sentí una tristeza tan profunda que parecía que una parte de mí había muerto con ella. Justo en ese momento, Él apareció y me dio paz, y de alguna manera pude atravesar ese tiempo tan difícil. No puedo explicarlo. Fue una calma y un consuelo como ningún otro. Solo Dios puede hacer eso. Cuando estoy perdiendo la cabeza, Él me da paz. Cuando tengo miedo, Él me libra del miedo, la preocupación y la ansiedad. Cuando dudo de mí misma, Él me da confianza, valentía y audacia. Cuando me siento abandonada, Él me conforta. Cuando todos me dan la espalda, Él me acepta y me ama más de lo que podría imaginar. Cuando perdí mi trabajo y me estaba quedando sin dinero, logré salir adelante y Él abrió una puerta para mí. Cuando me encontré en una situación aterradora, Él me protegió. Cuando cometí errores tratando de regir mi vida por mi cuenta, Él me mostró misericordia y me levantó de nuevo. Siempre me dio lo que necesitaba para poder crecer y cambiar. Cuando mi amiga se alejó, Él me dio nuevas amistades. Él es el que me dice que me relaje, que Él me tiene cubierta con su amor. Él es el que me anima a reír y no ser tan seria. Él es el que me dice que viva con audacia. Él me da todo esto y mucho más. Cuando estoy decaída, solo miro sus promesas y me levanto una vez más. Eso es de lo que se trata todo, ¿verdad? Levantarse una vez más y no dejar que nada te derrumbe. Ser imparable es lo que te mueve hacia adelante para poder dejar tu huella en este mundo. Dale una oportunidad a Dios, Él no te decepcionará. No dejes que tus circunstancias se interpongan entre tú y Dios. Deja que tu Dios se interponga entre tú y tus circunstancias.

No dejes que tus circunstancias se interpongan entre tú y Dios. Deja que tu Dios se interponga entre tú y tus circunstancias.

Dios es fiel

Dios es fiel para honrar todo lo que promete. Él es fiel para ser quien dice que es. Él es fiel para perdonarnos sin importar cuántas veces cometamos errores. Él es fiel para mostrarnos misericordia. Él es fiel para amarnos por siempre. Él es fiel para llamarnos a ser parte de Su familia. Él es fiel para protegernos. Él es fiel para estar a nuestro lado. Él es fiel para hacernos vencedores. Él es fiel para estar siempre con nosotros, sin importar lo que sintamos, pensemos o creamos.

" Dios no es un simple mortal
para mentir y cambiar de parecer.
¿Acaso no cumple lo que promete
ni lleva a cabo lo que dice? "

(Números 23:19 NVI)

No hagas de nada tu Dios

¿Qué es un dios? Es cualquier cosa de la que nos obsesionamos. Es cuando llenamos nuestra vida con cosas o personas solo para llenar el vacío que sentimos en nuestro corazón. Los dioses más comunes de hoy en día son el trabajo, las redes sociales, la diversión, las relaciones, el dinero, el orgullo y el placer. Muchos de nosotros también usamos estos dioses como una forma de escondernos. Nos escondemos de nuestro dolor. Nos escondemos de nuestras responsabilidades. Es mucho más fácil esconderse que enfrentar el desafío de mejorar esas partes de nosotros mismos que necesitan atención. El trabajo, las redes sociales, las relaciones, el dinero y la búsqueda de placer nunca fueron diseñados para ser dioses. Si los convertimos en dioses, se convierten en unos pésimos dioses porque son corruptibles.

Estos son útiles por un corto plazo. No pueden sostenerte a largo plazo. Siempre decepcionan.

El Dios del universo debe ser tu único Dios. ¿Por qué hacer eso? Porque Él es el único que puede llenar el vacío de tu corazón. El Dios que he llegado a conocer siempre se ha mostrado paciente, amoroso y comprensivo. Él me acepta tal como soy. Él me ha mostrado la verdadera libertad; libertad del miedo, de la duda sobre mí misma. Me ha enseñado a ser una mejor persona, una mejor amiga, una mejor hija y madre. Ha sido mi amigo cuando todos se alejaron. Me ha mostrado la verdad sobre mí misma y la verdad sobre otras personas, tanto buenas como malas. Me ha protegido incluso cuando pensaba que no estaba cerca. Me ha dado un propósito y una visión para mi vida. Me ha dado esperanza y gozo. Ha tomado todo lo malo en mi vida y me ha ayudado a aceptarlo y superarlo. Me ha dado paz en medio de la agitación. Esto es solo una pequeña parte de lo que Él ha hecho por mí. Y lo que Él ha hecho por mí, lo hará por ti. Será perfecto y exactamente lo que necesitas en el momento adecuado. Y Él siempre responderá a tus preguntas, tal vez no como lo imaginaste, pero siempre responderá.

Optimizadores de vida:

1. Di lo que Él dice, habla las promesas en la Biblia.
2. Piensa lo que Él piensa, llena tus pensamientos con Sus pensamientos.
3. Mantén tus ojos en Él en todo momento, no pierdas tu enfoque, no te distraigas.
4. Ora.
5. Sigue creyendo sin importar lo que pase.
6. Declara tu victoria.
7. Ámalo.
8. Alábalo, esto trae las bendiciones de Dios a tu vida.
9. Confía en Él.
10. Nunca te rindas, cedas o te detengas.
11. Mantente alegre.
12. Mantente agradecido.

Destructores de vida:

1. Duda.
2. Miedo.
3. Ira.

4. Orgullo.

5. Quejas.

6. Crítica.

7. Legalismo.

8. Autocompasión destructiva

9. Egoísmo.

10. Pensamientos negativos sobre ti mismo.

Dios quiere colmarte de Sus bendiciones. Cada vez que te mueves hacia cualquiera de los "destructores de vida" que mencioné, es como poner un paraguas que te impide recibir lo que Dios quiere darte.

Mi Consejo de Madre:	Busca siempre a Dios, Él está en todas partes.
Punto Clave:	Confía en Dios con todo tu corazón, búscalo y Él te guiará.
Principio Fundamental:	" La Ley del Señor es perfecta: infunde nuevo aliento. El mandato del Señor es digno de confianza: da sabiduría al sencillo. Los preceptos del Señor son rectos: traen alegría al corazón. El mandamiento del Señor es claro: da luz a los ojos." (Salmo 19:7-8 NVI)
Recurso Recomendado: (Disponible en Amazon)	La Biblia (NTV)

Notas:

Apéndice A

LA CARTA DE AMOR DEL PADRE

Mi hijo,

Puede que no me conozcas, pero yo sé todo sobre ti.
(Salmo 139:1 NTV)
Sé cuándo te sientas y cuándo te levantas.
(Salmo 139:2 NTV)
Estoy familiarizado con todos tus caminos.
(Salmo 139:3 NTV)
Incluso los cabellos de tu cabeza están contados.
(Mateo 10:29-31 NTV)
Porque fuiste hecho a mi imagen.
(Génesis 1:27 NTV)
En mí vives, te mueves y existes.
(Hechos 17:28 NTV)
Porque eres mi descendencia.
(Hechos 17:28 NTV)
Te conocí antes de que fueras concebido.
(Jeremías 1:4-5 NTV)
Te elegí cuando planeé la creación.
(Efesios 1:11-12 NTV)
No fuiste un error, pues todos tus días están escritos en mi libro. (Salmo 139:15-16 NTV)

Determiné el tiempo exacto de tu nacimiento y donde vivirías.
(Hechos 17:26 NTV)
Eres una creación maravillosa y asombrosa.
(Salmo 139:14 NTV)
Te formé en el vientre de tu madre. (Salmo 139:13 NTV)
Y te traje a la vida el día en que naciste. (Salmo 71:6 NTV)
He sido mal representado por aquellos que no me conocen.
(Juan 8:41-44 NTV)
No soy distante ni enojado, sino la expresión completa del amor. (1 Juan 4:16 NTV)
Y es mi deseo derramar mi amor sobre ti.
(1 Juan 3:1 NTV)
Simplemente porque eres mi hijo/a y yo soy tu Padre.
(1 Juan 3:1 NTV)
Te ofrezco más de lo que tu padre terrenal podría darte.
(Mateo 7:11 NTV)
Porque soy el Padre perfecto. (Mateo 5:48 NTV)
Cada buen regalo que recibes proviene de mi mano.
(Santiago 1:17 NTV)
Porque soy tu proveedor y cubro todas tus necesidades.
(Mateo 6:31-33 NTV)
Mi plan para tu futuro siempre ha estado lleno de esperanza.
(Jeremías 29:11 NTV)
Porque te amo con un amor eterno. (Jeremías 31:3 NTV)
Mis pensamientos hacia ti son innumerables como la arena de la orilla del mar.
(Salmo 139:17-18 NTV)
Y me regocijo sobre ti con cánticos. (Sofonías 3:17 NTV)

Nunca dejaré de hacer el bien por ti. (Jeremías 32:40 NTV)
Porque eres mi posesión más preciada. (Éxodo 19:5 NTV)
Deseo establecerte con todo mi corazón y toda mi alma.
(Jeremías 32:41 NTV)
Y quiero mostrarte cosas grandes y maravillosas.
(Jeremías 33:3 NTV)
Si me buscas con todo tu corazón, me encontrarás.
(Deuteronomio 4:29 NTV)
Deléitate en mí y te daré los deseos de tu corazón.
(Salmo 37:4 NTV)
Porque soy yo quien te di esos deseos.
(Filipenses 2:13 NTV)
Soy capaz de hacer por ti mucho más de lo que puedas
imaginar. (Efesios 3:20 NTV)
Porque soy tu mayor animador.
(2 Tesalonicenses 2:16-17 NTV)
También soy el Padre que te consuela en todos tus problemas.
(2 Corintios 1:3-4 NTV)
Cuando tu corazón se rompe, estoy cerca de ti.
(Salmo 34:18 NTV)
Como un pastor lleva una oveja, yo te he llevado cerca de mi
corazón. (Isaías 40:11 NTV)
Un día, secaré todas las lágrimas de tus ojos.
(Apocalipsis 21:3-4 NTV)
Y quitaré todo el dolor que has sufrido en esta tierra.
(Apocalipsis 21:3-4 NTV)
Soy tu Padre, y te amo tal como amo a mi hijo, Jesús.
(Juan 17:23 NTV)

¿Por qué?

Porque en Jesús, mi amor por ti ha sido revelado.
(Juan 17:26 NTV)
Él es la representación exacta de mi ser. (Hebreos 1:3 NTV)
Él vino para demostrar que estoy a tu favor, no en tu contra.
(Romanos 8:31 NTV)
Y para decirte que no estoy contando tus pecados.
(2 Corintios 5:18-19 NTV)
Jesús murió para que tú y yo pudiéramos ser reconciliados.
(2 Corintios 5:18-19 NTV)
Su muerte fue la máxima expresión de mi amor por ti.
(1 Juan 4:10 NTV)
Renuncié a todo lo que amaba para poder ganar tu amor.
(Romanos 8:31-32 NTV)
Si recibes el regalo de mi hijo Jesús, me recibes a mí.
(1 Juan 2:23 NTV)
Y nada podrá separarte nunca más de mi amor.
(Romanos 8:38-39 NTV)
Vuelve a casa y organizaré la fiesta más grande que el cielo haya visto. (Lucas 15:7 NTV)
Siempre he sido Padre y siempre seré Padre.
(Efesios 3:14-15 NTV)
Mi pregunta es... ¿Serás mi hijo/a? (Juan 1:12-13 NTV)
Te estoy esperando. (Lucas 15:11-32 NTV)

Con amor,

Tu Papá,
Dios Todopoderoso

Apéndice B

LA ORACIÓN DE DIOS PARA TI

Juan 17:20-26 Traducción al español de la Biblia Amplificada (AMP)

20 "No ruego solo por estos [no es solo por ellos que hago esta solicitud], sino también por [todos] los que [algún día] creerán y confiarán en Mí...

21 para que todos sean uno; así como Tú, Padre, estás en Mí y Yo en Ti, que también ellos sean uno en Nosotros, para que el mundo crea [sin ninguna duda] que Tú Me enviaste.

22 Yo les he dado la gloria y el honor que Tú Me diste, para que sean uno, así como Nosotros somos uno;

23 Yo en ellos y Tú en Mí, para que sean perfeccionados y completados en uno, para que el mundo sepa [sin ninguna duda] que Tú Me enviaste, y [que Tú] los has amado, así como Tú Me has amado.

[24] Padre, deseo que ellos también, a quienes Tú Me has dado [como Tu regalo para Mí], estén conmigo donde Yo estoy, para que puedan ver Mi gloria que Tú Me diste, porque Tú Me amaste antes de la fundación del mundo.

[25] "Oh, Padre justo y recto, aunque el mundo no Te ha conocido ni Te ha reconocido [y la revelación de Tu misericordia], Yo siempre Te he conocido; y estos [creyentes] saben [sin ninguna duda] que Tú Me enviaste;

[26] y he dado a conocer Tu nombre a ellos, y continuaré dándoselo a conocer, para que el amor con el que Tú Me has amado esté en ellos [llenando su corazón], y Yo [esté] en ellos."

APÉNDICE C

CONOCE A DIOS

Aquí hay algunos versículos que hablan de los atributos de Dios.

Dios Responde (Isaías 58:9)	Dios Guarda (Deuteronomio 7:9)
Dios Otorga (Proverbios 8:21)	Dios Sabe (Mateo 6:8)
Dios Bendice (Deuteronomio 14:29)	Dios Guía (Isaías 42:16)
Dios Borra (Isaías 43:25)	Dios Levanta (Salmo 146:8)
Dios Llama (1 Tesalonicenses 4:7)	Dios Escucha (Salmo 10:17)
Dios Cuida (Nahúm 1:7)	Dios Ama (Salmo 37:8)
Dios Limpia (Jeremías 33:8)	Dios Abre (Deuteronomio 28:12)
Dios Viste (Isaías 61:10)	Dios Derrama (Isaías 44:3)
Dios Consuela (Isaías 51:12)	Dios Preserva (Salmo 41:2)
Dios Corrige (Job 5:17)	Dios Protege (Salmo 41:2)
Dios Da Consejo (Salmo 32:8)	Dios Provee (Salmo 111:5)
Dios Cubre (Salmo 91:4-6)	Dios Purifica (1 Juan 1:9)
Dios Se Complace (Sofonías 3:17)	Dios Se Regocija (Isaías 62:5)
Dios Libera (Salmo 37:40)	Dios Recuerda (Salmo 111:5)
Dios Rescata (Salmo 91:14)	Dios Restaura (Salmo 71:20)
Dios Anima (Salmo 10:17)	Dios Satisface (Salmo 132:15)

Dios Llena (Job 8:21)	Dios Salva (Isaías 49:25)
Dios Perdona (1 Juan 1:9)	Dos Habla (Isaías 30:21)
Dios Reúne (Deuteronomio 30:4)	Dios Recompensa (Proverbios 19:17)
Dios Da (Mateo 11:28)	Dios Fortalece (Isaías 40:29)
Dios Guarda (Salmo 97:10)	Dios Sostiene (Salmo 55:22)
Dios Guía (Salmo 73:24)	Dios Enseña (Isaías 54:13)
Dios Sana (Oseas 14:4)	Dios Sostiene (Salmo 37:24)
Dios Oye (Salmo 69:33)	Dios Observa (Génesis 28:15)
Dios Ayuda (Salmo 37:40)	Dios Trabaja (Romanos 8:28)
Dios Apoya (Salmo 73:23)	Dios Aumenta (Deuteronomio 7:13)

APÉNDICE D

Cómo orar cuando no sabes cómo

Ora con la palabra de Dios. Hay poder en la palabra. Es como una bomba nuclear que destalla su poder y cambia todo. Alaba a Dios primero por quien Él es y por todo lo que ha hecho, incluso cuando aún no ha sucedido. Ora creyendo que lo que Dios ha prometido sucederá, porque Dios es fiel, amoroso y veraz. Lee la Biblia para que sepas lo que Dios te promete en cada área de tu vida. Ora por sanidad, prosperidad, favor, protección, por lo que necesites.

Usa la oración en Juan 17 (La oración sacerdotal) como guía (ver apéndice B). Es la oración que Jesús oró antes de irse a estar con Su Padre celestial. También puedes usar el Padre Nuestro como guía (Mateo 6:9-13 NVI). Y si necesitas algo de ayuda, usa algunos libros para aprender a orar de manera efectiva. Mi libro de referencia ha sido *The Weapons of our Warfare* de Kenneth Scott (disponible solo en inglés.) Este libro ha sido una verdadera ayuda para mí durante muchos años. Otro libro valioso que encontré para la oración es *El Poder del Esposo que Ora* de Stormie Omartian. Estos son grandes recursos para ayudarte a orar. Una buena manera de orar es orar por nuestros líderes, en el gobierno, la iglesia, la escuela, el trabajo y en casa. Ora por tu familia y tus hijos. Finalmente, ora por ti mismo y tus peticiones.

¿Cómo encontrar una iglesia segura?

En pocas palabras, **integridad**. ¿Hace la iglesia lo que se supone que debe hacer? ¿Ama a los demás? ¿Muestra compasión hacia todos? ¿Acoge a los que sufren y los ama? ¿Alcanza a la comunidad? ¿Alimenta a los hambrientos y viste a los pobres? ¿Hace una diferencia en su propia comunidad? ¿Enseña la verdad de la palabra de Dios?

Hay muchas personas que no ponen un pie en una iglesia porque tuvieron una mala experiencia en el pasado. Alguien que se suponía debía ser amable en su lugar, los lastimó, los avergonzó, los humilló o los hizo sentir pequeños. Nadie debe ser tratado de esa manera. Mi corazón se rompe cuando escucho estas historias. Desafortunadamente, muchos de nosotros hemos sido decepcionados. A donde sea que vayas, ya sea a la iglesia, al trabajo o en otro lugar, la realidad es que hay diferentes tipos de personas. Hay los que fingen; estas personas están en la iglesia, pero la verdadera iglesia no está en ellas.

Este tipo de persona se caracteriza por ser superficial. Lo que dicen y hacen no coincide. Hay los que están tan metidos en su propio mundo; están tan absorbidos por sus vidas que no muestran amor en sus relaciones. Estas personas pueden tener buenas intenciones, pero lastiman a otros porque parecen desinteresados. El otro grupo son los que están inconscientes; son creyentes y tienen fe, pero no demuestran las cualidades que caracterizan a un seguidor de Cristo. Finalmente, están los que son la verdadera esencia; aunque están en proceso de crecimiento con Dios, el amor, la humildad, la verdad y la gracia están presentes en ellos y en aumento. Esa persona es la que es un ejemplo para los demás. Recuerda siempre que las iglesias están hechas por personas. Las personas son imperfectas. No esperes una iglesia perfecta; no existe tal cosa. Necesitas saber con quién estás tratando y establecer los límites apropiados. Siempre habrá personas en tu círculo íntimo y personas en tu círculo exterior. Sé sabio sobre quién pones en cada lugar. Y aun así, espera sorpresas porque siempre habrá algunas. Quizás te estés preguntando, ¿por qué debería de molestarme con todo esto? Todos necesitamos sentirnos conectados. Todos estamos aquí para compartir nuestros dones. Lo que es único en ti, está bajo tu cuidado para el bien de los demás. No te niegues a ti mismo ni a ellos la oportunidad de beneficiarse de dar y recibir.

Cuando estés listo para buscar una iglesia, aquí tienes una excelente lista de cosas que buscar.

Cloud, Henry & Townsend, John. ¿Dónde están las personas seguras? *Safe People,* Zondervan, 1995, p. 165

1. Se predica gracia, no condena.

2. Se predica la pura verdad.

3. Los líderes de la iglesia son conscientes de sus propias debilidades. Son abiertos acerca de sus heridas, dolores, fracasos y humanidad. No actúan como si fueran superiores a los demás. No están cerrados al cambio ni a la confrontación.

4. La iglesia usa grupos pequeños para tocar las vidas de las personas y enfocarse en la comunidad.

5. La cultura es de pecadores perdonados, no de personas religiosas auto justificadas.

6. La iglesia no es autarquía; está conectada a la comunidad y a otros profesionales.

7. La enseñanza es relacional. La relación con los demás se ve como parte de la espiritualidad, así como la relación con Dios.

8. La enseñanza ve el quebrantamiento, la lucha y la incapacidad como una parte normal del proceso de santificación.

9. Hay oportunidades para servir a los demás a través de una variedad de ministerios.

Finalmente, ora pidiendo guía al Espíritu Santo. Pídele a Dios que te guíe al lugar donde prosperarás y harás una diferencia. Prosperar y hacer una diferencia son realmente importantes cuando eliges una familia de creyentes.

www.ingramcontent.com/pod-product-compliance
Lightning Source LLC
LaVergne TN
LVHW040222110826
845146LV00004B/1255